DE
L'INTERVENTION
DU POUVOIR
DANS LES ÉLECTIONS.

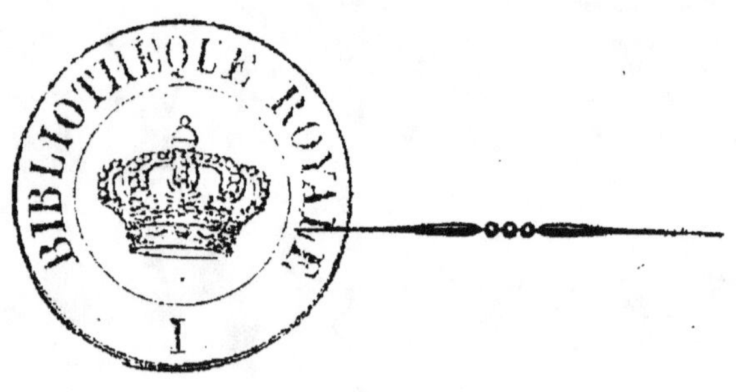

PARIS.

CHEZ PAULIN, LIBRAIRE, RUE DE SEINE, 33.

1843.

AVANT-PROPOS.

Dans le cours de septembre et d'octobre derniers, un journal a publié une série de lettres d'un honorable député sur la grave question de l'*Intervention du pouvoir dans les élections.* L'auteur de cet écrit y examine non-seulement la conduite du ministère durant les dernières élections ; mais encore il met en relief les immenses moyens d'influence et de séduction que notre budget place entre les mains des agents du pouvoir. Il expose ensuite les principes suivant lesquels devrait procéder, en cas d'élections, une administration vraiment constitutionnelle ; et il termine en recherchant par quels moyens, dans un gouvernement comme le nôtre, on pourrait parvenir à combattre les progrès effrayants de la corruption politique. Il nous a semblé qu'il pouvait y avoir quelque utilité à réunir et à publier dans leur ensemble toutes les parties de ce travail, dont l'insertion dans un journal avait rendu la division nécessaire. Le sujet qui y est traité est d'un intérêt permanent, et mérite en tout temps l'attention publique. Mais dans le moment où le ministère, qui a fait les élections, va paraître devant la chambre, il est opportun de placer sous les yeux du pays et de ses députés le tableau des moyens à l'aide desquels une administration qui excelle à corrompre, peut fausser la représentation nationale. Ce tableau est malheureusement très-imparfait ; il sera complété par les souvenirs des électeurs et des élus ; de ceux à qui ces manœuvres ont été funestes, comme de ceux à qui elles ont profité.

DE

L'INTERVENTION DU POUVOIR

DANS

LES ÉLECTIONS.

Il y a deux mois à peine, des élections ont eu lieu, et déjà ces élections sont comme tombées dans l'oubli. Il semble qu'un événement fatal et contemporain en ait pris la place et les ait effacées de nos souvenirs comme de nos annales. Déjà une session les a suivies; et cette session pâle et monotone, qui sans le discours ou *l'acte* de M. Thiers, n'aurait soulevé aucune émotion, a laissé si peu de trace dans les esprits, qu'aux yeux de beaucoup de gens, s'il existe de nouveaux députés, il n'y a pas de nouvelle chambre; et le mouvement électoral du 10 juillet est déjà comme s'il n'existait pas.

Je ne viens point combattre cette fausse impres-

1

sion. J'ai une entière confiance que les élections du mois de juillet dernier seront le point de départ d'une politique nouvelle ; que la voix du pays, pour s'être confondue dans un grand cri de douleur, n'en retrouvera pas moins son retentissement et ses échos ; et que si la chambre s'est, pendant la session dernière, abstenue de toute agression contre la politique générale du ministère, se bornant aux luttes qu'elle ne pouvait éviter, ce n'est pas que le pouvoir d'attaquer lui manquât, mais parce que l'ajournement des grands combats lui paraissait opportun. A mon avis, elle aurait mieux fait de ne point remettre cette grande lutte à cinq mois ; elle pouvait très-aisément, après la loi de régence, poser la question ministérielle ; et après avoir satisfait l'intérêt dynastique, donner satisfaction à l'intérêt politique né des dernières élections... Mais ce n'est point là le sujet que j'ai en vue dans ce moment. Ce n'est pas l'influence des élections sur la question ministérielle qui me préoccupe : ce sont les élections elles-mêmes, abstraction faite de leurs conséquences immédiates ; c'est la manière dont elles se sont faites, la part que le ministère y a prise, le mode suivant lequel il y est intervenu, les moyens par lesquels il y a exercé son influence, les questions politiques que ce mode d'intervention fait naître. Je ne crois pas que ce sujet ait été suffisamment médité, et cependant il n'en est peut-être pas qui soit plus digne d'un examen approfondi.

L'intérêt qui s'y rattache tient à la nature même de nos institutions constitutionnelles, dont le principe électif est la base, et qui cessent d'être sérieuses si l'élection ne l'est pas. Cette question ne peut d'ailleurs être étudiée plus à propos que le lendemain d'une élection où l'administration s'étant jetée ouvertement dans l'arène électorale, ses procédés, ses actes, ses principes en cette matière ont apparu à tous les yeux et sont encore dans tous les souvenirs. C'est le vrai moment d'enregistrer ses actes et de les discuter. Si vous attendez, pour vous livrer à cette investigation, la veille d'une nouvelle lutte électorale, tous ces faits seront oubliés comme le système d'où ils sont nés, et la répétition des mêmes actes par le même pouvoir les rappellera seule à votre mémoire.

Enfin ce qui donne à ce sujet encore plus de gravité et une sorte d'urgence, c'est, il faut le dire, la tendance d'un grand nombre de colléges électoraux vers la corruption. Je ne parle pas ici de cette corruption, imitée des Anglais, qui s'exerce entre particuliers, de candidat à électeur, de riche à pauvre, de propriétaire à fermier, et qui fait du vote une sorte de denrée commerciale. Cette corruption, la plus vile de toutes, est encore loin de nos mœurs ; elle y pénétrera bientôt si nous n'y prenons garde, mais enfin là n'est pas le mal présent. La corruption vraiment dangereuse, celle qui s'étend parmi nous dans une progression effrayante, celle qui menace sérieusement nos institutions et la moralité publique, c'est la corruption dont le gouvernement lui-même est l'auteur, c'est la corruption qui envahit aujourd'hui les colléges électoraux; qui, jadis timide et contenue, se couvrait de quelques formes et s'environnait de quelque mystère, mais qui procède aujourd'hui sans masque et sans détour; qui soutient aujourd'hui comme bon et légitime ce qu'elle pratiquait jadis sans l'avouer; qui chaque jour perfectionne ses moyens d'action, et qui, à mesure qu'elle devient plus habile dans ses pratiques, se montre plus hardie dans ses théories; la corruption administrative enfin, qui, si elle n'était arrêtée dans son cours, ferait bientôt de l'élection une formalité vaine, du gouvernement représentatif une ridicule fiction, et un mensonge révoltant de la charte, qui, pour nous, doit être une vérité.

PREMIÈRE PARTIE.

Du mode d'intervention du ministère dans les élections.

Je ne sais si l'aspect de ce qui se passe à Paris en temps d'élection peut donner aucune idée du spectacle qui, à cette époque, frappe les départements. Les électeurs à Paris sont trop nombreux et trop indépendants de position, l'état particulier de leurs affaires y est trop peu connu, pour qu'un système sérieux de corruption soit essayé sur eux par l'administration. Dans les départements, au contraire, où les électeurs sont en nombre très-restreint et où il y a tant de petites existences dont les besoins sont sus de tout le monde, il n'est peut-être pas un collége électoral, si forte qu'y soit l'opposition, où le ministère ne se flatte, par ses manœuvres, d'amener le succès de son candidat.

Je n'entreprendrai pas de présenter le tableau de toutes ces manœuvres ; je ne parlerai même point ici de celles qui ont coutume d'exciter le plus vivement l'émotion publique. Ainsi , distributions d'emplois et de décorations, destitutions de fonctionnaires, menaces de destitutions, de tout cela, lors des élections, on fait grand bruit, et l'on a raison ; car c'est assurément chose grave en temps d'élection que le droit de nommer aux emplois publics, dans un pays où il y a cent trente mille fonctionnaires ; et le droit de révoquer ces fonctionnaires de leur emploi ; et le droit de nommer à tous les grades dans une armée de quatre cent mille hommes ! Il y a certes de quoi soulever les passions publiques, quand le plus digne fonctionnaire perd son emploi pour avoir voté avec indépendance ; lorsque cet emploi, converti en récompense électorale, est livré au plus incapable et au plus indigne ; lorsque le signe de l'honneur lui-même devient une prime offerte à l'apostasie politique, et est prodigué aux plus mauvais

citoyens dans le moment où, en Afrique, on le mar-
chande à l'héroïsme de nos soldats.

Oui, sans doute, il y a là le sujet de griefs sérieux
contre le gouvernement, et l'opinion publique s'en
émeut justement. Cependant ce n'est point là ce qui
me touche le plus, ce sont peut-être les plus odieuses
manœuvres, mais non les plus dangereuses. Ce qui
d'abord en diminue le péril, c'est qu'elles sont bor-
nées de leur nature. Tous les emplois ne vaquent
pas la veille des élections, et nos mœurs s'opposent
à ce que l'on destitue beaucoup ; le nombre des places à donner ou à ôter est donc nécessairement assez
restreint. Et puis ces sortes de manœuvres qui font
le plus de scandale ne sont pas les plus efficaces. Elles
paraissent les plus redoutables parce qu'elles sont les
plus irritantes ; on les juge non par les conséquences
qu'elles amènent, mais avec les passions qu'elles
excitent.

Pour moi, ce que je considère comme les plus
graves, ce sont précisément les actes que l'on a coutume de juger avec le moins de sévérité ; ce sont les
actes ordinaires de l'administration transformés en
moyens d'influence électorale ; actes très-légitimes
en eux-mêmes, qui ne deviennent répréhensibles
que par le but vers lequel ils tendent ; très-dange-
reux, parce qu'ils sont usuels, continus et sans limites ; très-efficaces, par la raison même qu'on les croit
légitimes et aussi parce qu'ils s'adressent à tous les
besoins et à tous les intérêts ; très-immoraux d'ail-

leurs et d'autant plus coupables que leur apparente honnêteté leur donne une plus grande puissance de corruption. Ce qui me paraît vraiment périlleux pour le régime représentatif, c'est ce système en vertu duquel, à l'approche des élections, l'administration tend tous ses ressorts vers un seul but, le succès des candidats ministériels ; ne fait plus rien dès lors qu'en vue de cet intérêt ; met à prix toute espèce de service ; et depuis les affaires qui intéressent l'État tout entier jusqu'à celles qui se renferment dans le cercle d'une commune, exploite au profit seul du résultat électoral les immenses ressources que met entre ses mains le gouvernement central.

Ces ressources sont exorbitantes, et l'on ne réfléchit pas assez à la puissance énorme qu'y pourrait trouver un ministère qui serait tout à la fois aussi habile à corrompre et moins impopulaire que le ministère du 29 octobre.

Mais d'abord il est bon de se rendre compte des éléments dont ces ressources se composent ; c'est un travail qui veut être fait avec soin ; pour cela, j'ouvre le budget, et je passe en revue les divers crédits de chaque ministère. Mais d'abord je déclare que je n'entends point relever ici tous les crédits portés au budget, au moyen desquels un pouvoir centralisé comme le nôtre peut exercer une influence directe ou indirecte ; autant vaudrait alors copier ici textuellement ce budget de 1,500 millions, et dire que le gouvernement central fait les élections par la même raison qu'en France il met la main à tout et que rien ne se fait sans lui. Mais je m'arrête seulement aux sommes d'argent dont l'administration abuse le plus facilement parce qu'elle en a la disposition la plus immédiate et la plus arbitraire, telles que les subven tions, distributions de secours de toute espèce, etc. : et pour procéder dans l'ordre établi par le budget lui-même, je commence par le ministère de la justice et des cultes. Comme je ne veux mentionner que les articles dont l'usage me paraît essentiellement électoral, j'écarte un crédit de 1,070,000 fr. porté comme secours à des ecclésias-tiques, et un crédit de 156,000 porté comme secours à divers établis-ments.

Total.   1,226,000 fr.

Ainsi je ne compte pas cette somme de 1,226,000 fr., quoique la distribution en soit parfaitement arbitraire, parce que dans l'usage elle est soumise à de certaines règles.

Mais voici des chapitres vraiment électoraux, ceux avec lesquels on vient en aide aux clochers et aux presbytères qui tombent en ruine, et au moyen desquels on dit à telle ou telle commune pauvre : « Vous « avez besoin de secours pour votre église ; ce secours, « vous ne l'aurez pas si vous votez mal. »

A telle autre commune riche : « Nul secours ne

« vous est nécessaire : cependant, votez bien, et vous
« l'aurez. »

Acquisitions, constructions et entretien des édifices diocésains.	2,000,000 fr.
Secours pour acquisitions ou travaux concernant les églises ou presbytères.	1,120,000
Secours du même genre pour le culte protestant.	120,000
Idem pour le culte israélite.	10,000
Distribution de 2,525 bourses à 400 fr. dans les séminaires.	995,000
Id. bourses pour protestants.	24,000
Total.	4,349,000 fr.

Voilà donc déjà 4,349,000 fr. dont le seul ministère de la justice et des cultes a la disposition discrétionnaire. Les deux premiers crédits mentionnés dans le tableau qui précède sont de ceux qu'affectionne le plus toute administration qui ne peut se soutenir que par l'intrigue et la séduction. Aussi je vois que dans le budget présenté cette année à l'approche des élections, le ministère les a augmentés de 800,000 fr. Et ici ce qui m'étonne, ce n'est pas la demande très-naturelle du ministre, qui s'efforce d'accroître la somme d'arbitraire dont il dispose, c'est la tendance constante de toutes les parties de la chambre à remettre au gouvernement central, dans toutes les occasions, la plus grande quantité possible d'argent et de pouvoir discrétionnaire. On ne saurait imaginer tous les auxiliaires que l'on donne à la corruption au nom de la centralisation. C'est probablement la même cause qui, dans le budget de cette année, a fait porter à 300 au lieu de 150 le nombre des succursales à créer. Quoi qu'il en soit, voilà déjà un bon fonds de 4,349,000 fr. pour la guerre électorale.

Je passe au ministère des affaires étrangères. Ici, j'omets la création de plusieurs consulats au moment des élections, création très-opportune pour tenir en suspens mille ambitions. Je passe outre, et je rencontre tout d'abord l'un des crédits les plus chers à tout ministère qui vit sur l'intrigue : c'est un crédit de fonds secrets. Les fonds secrets ne font pas seuls la corruption électorale, mais ils en sont le premier aliment. Il y a de certaines aspérités qui ne s'aplanissent que devant eux. Et d'ailleurs, combien leur usage est agréable! comme on se sent à l'aise en exerçant tant de puissance sans nul péril! et comme l'on peut, tout en pratiquant des actes de bassesse, garder tout son orgueil et toute l'insolence de sa probité! M. Guizot a cette année 650,000 fr. de fonds secrets. Vous croyez peut-être que cette somme, attribuée aux affaires étrangères, a été employée *à l'étranger*, au profit de la politique de la France? Détrompez-vous : du temps de Louis XIV, ce fonds eût servi peut-être à payer quelques membres du parlement anglais, qui alors recevaient pension de la

France. Aujourd'hui n'est-ce pas au profit de la politique anglaise qu'il faut acheter des suffrages français? Et dès-lors n'est-ce pas dans les colléges électoraux de France que doivent se dépenser les fonds secrets du ministère des affaires étrangères?

Voilà donc d'une part	4,349,000 fr.
Plus	650,000
Total.	4,999,000 fr.

Nous voici au ministère de l'instruction publique :

Subvention pour acquisition ou réparation de maisons d'école.	1,775,000 fr.
Subvention pour salles d'asile.	300,000
Encouragement et secours aux savants et hommes de lettres.	187,000
Voyages et missions.	112,000
Bourses pour l'école normale.	64,000
463 bourses dans les colléges royaux.	551,000
Total.	2,789,000 fr.

Chacun de ces crédits est d'usage fort utile. Le premier donne au ministre de l'instruction publique le moyen de faire auprès des communes, pour leurs écoles et leurs salles d'asile, ce que fait le ministre des cultes pour leurs églises ; et puis vient le précieux article des bourses. Les bourses! qui n'en connaît le scandale et l'indigne abus? Je sais, dans un arrondissement, deux bourses accordées peu de temps avant les élections à deux enfants dont les parents comptent parmi les plus riches du pays. Comment M. le ministre de l'instruction publique, qui est tenu de publier chaque année les noms de tous les boursiers et leur état de fortune, pourra-t-il ici dissimuler la vérité? Je ne sais. Il est vrai que dans la dernière liste publiée par ce ministre, on trouve des énonciations fort naïves, par exemple celle-ci : *M. ***, fils d'un maire qui se recommande par son zèle et son dévouement.* (Voyez page 185.) Tenez pour certain que ce maire est très-riche puisqu'on n'ose ici le faire pauvre. Quoi de plus beau en théorie que cette assistance généreuse donnée par le gouvernement à l'éducation de ceux dont les parents indigents ont rendu des services à l'État ! Et il faut que l'impôt prélevé sur le public pour remplir cette sainte tâche soit consacré à récompenser le zèle électoral de quelque maire opulent, parce que ce maire est un électeur dévoué !

Résumons : 2,788,000 fr. étant joints à 4,999,000 fr.,

Voici déjà 7,780,000 fr. disponibles entre les mains des ministres.

J'arrive au ministère de l'intérieur, le ministère des élections, c'est assez dire le ministère classique des fonds secrets. Aussi voyez ce qu'il en reçoit pour cette seule année :

Budget ordinaire, dépenses secrètes, 932,000 fr.

Crédits extraordinaires, dépenses
secrètes. 300,000

Loi spéciale et complémentaire des
fonds secrets. 1,000,000

Ce qui donne pour le seul ministère de l'intérieur un total de 2,232,000 fr. de fonds secrets. Les fonds secrets du ministère de l'intérieur sont, comme l'on sait, la grande arme contre les factions, contre les complots carlistes et républicains, contre les attentats à la vie du roi... et contre les amis de M. Thiers et de M. Odilon Barrot.

M. le ministre de l'intérieur, qui excelle à nier avec aplomb l'évidence, témoignerait une grande indignation si on lui disait qu'il fait les élections avec les fonds secrets. Soit; mais pourrait-il nous dire ce qui lui restait de fonds secrets disponibles le 12 juillet, c'est-à-dire le lendemain de la dernière élection? Qu'arriverait-il cependant s'il allait avoir aujourd'hui à déjouer les intrigues des *factions?* Les factions s'agitent en toute saison, et de juillet à décembre il y a six mois. Vraisemblablement nous aurons au mois de janvier prochain un nouveau crédit extraordinaire de fonds secrets ouvert par *ordonnance, toujours pour combattre les factions.*

Mais le ministre de l'intérieur n'en est pas réduit, pour ses moyens d'influence électorale, à ses 2,232,000 fr. de fonds secrets; il a bien d'autres ressources : c'est lui qui tient dans ses mains l'administration du royaume, et il est le principal agent de cette centralisation qui attire à elle tous les biens, toutes les forces, tout le sang de la France, et rend ensuite capricieusement à quelques-uns ce qu'elle a reçu de tous.

La nomenclature de tous les crédits dont il dispose arbitrairement est longue; je les énonce sans réflexions :

Chap. XIV. — Encouragements concernant les beaux-arts. (C'est avec cela que le ministre donne des tableaux aux églises.)   311,000 fr.

Chap. XIX. — Secours généraux aux hospices, bureaux de charité et institutions de bienfaisance.   320,000

Chap. XX. — Secours à des personnes dans l'indigence.   220,000

Chap. XXV et XXVI. — Constructions, bâtiments, casernes, maisons d'aliénés, entretien des routes et ouvrages d'art. Encouragements aux sociétés d'agriculture, etc. Dépenses imputables sur le produit du *fonds commun* à répartir par ordonnance.   9,540,000

Dépenses facultatives imputables sur le produit du *fonds commun* à répartir en secours.   1,144,866

Total.   10,684,866 fr.

Les objets contenus dans les chap. XXV et XXVI du budget de l'intérieur se montent en réalité à

39,671,000 fr. Cependant on ne mentionne ici que 10,684,000 fr., parce que c'est la seule somme dont le gouvernement central dispose d'une manière tout à fait arbitraire.

Si je n'avais annoncé que je citerais ces crédits sans réflexions, combien il y aurait à dire sur ce chapitre du *fonds commun!* Le fonds commun est le fonds de l'arbitraire, de la partialité, de la corruption. C'est avec le fonds commun qu'on est censé prendre à ceux qui ont, pour donner à ceux qui n'ont rien, mais en réalité que l'on prend à ceux qui ont peu pour donner à ceux qui ont beaucoup. Le fonds commun est le prélude de l'idée saint-simonienne, c'est le premier acte de mainmise de l'État sur la propriété de chacun pour le plus grand bien public. Le fonds commun semble avoir été créé tout exprès pour l'usage des élections, il n'a de rival que le fonds secret; mais on ne saurait dire lequel des deux est supérieur à l'autre pour les services qu'il rend. Si le fonds secret a l'avantage de l'obscurité qui le couvre, le fonds commun, qui s'embrouille aussi sans trop de peine, a le mérite d'être plus large et plus étendu. C'est avec le fonds commun que l'on fait sur une grande échelle de l'*administration électorale*. Dans le budget, où il y a tant de fonds communs, mettez-en un peu plus, et il n'est pas de ministère qui ne vous réponde des élections.

Maintenant si j'additionne les crédits du ministère de l'intérieur relevés plus haut, je vois qu'ils donnent une somme de 15,767,866 fr., qui, réunis aux chiffres précédents, forment un total de 24 millions 556,866 francs.

Je continue et j'arrive au ministère de l'*agriculture et du commerce,* ministère beaucoup moins innocent, *en fait d'élections,* que ne semble l'indiquer son titre. Ce n'est pas que ce ministère aime naturellement l'intrigue et la corruption; mais l'intrigue vient le chercher, et pourquoi? parce que, lui aussi, possède du *fonds commun.* Voyez le chapitre XIII.

Secours spéciaux pour pertes résultant d'incendies, grêle, inondations et autres cas fortuits.   1,908,110 fr. (1)

On se rappelle qu'un des griefs de la protestation contre l'élection de M. Baude, à Roanne, consistait précisément dans la promesse faite de secours à des communes grêlées, à condition qu'elles voteraient pour le candidat ministériel.

Outre ces 1,908,110 fr., je vois au ministère du commerce :

---

(1) Chaque année, 2 centimes additionnels au montant des contributions directes sont votés et consacrés aux secours spécifiés dans l'article ci-dessus. Ces deux centimes forment une somme de 3,816,220 fr. Mais la répartition de cette somme n'appartient point au même ministère: l'un des centimes est distribué par le ministre des finances, l'autre par le ministre de l'agriculture et du commerce, et la moitié de cette somme donne précisément 1,908,110 fr.

Chap. V.—Encouragements à l'a-
griculture.   800,000 fr.

Chap. VI. — Subvention pour
courses de chevaux.   140,000
                                            ————————

Tout cela donne un total de
2,848,000 fr. qui, réunis aux som-
mes précédentes, font   24,404,866 fr.

Vient ensuite le ministère des travaux publics.

Quant à celui-là, c'est un fort gros ministère, qui
fournit un fort gros contingent aux moyens d'influence électoral

Il faut voir comme à l'approche des élections le
ministère des travaux publics et ses innombrables
agents se mettent en campagne, comme les promes-
ses, les menaces, la séduction les suivent partout. —
Vous votez pour l'opposition! soit. Vous ne voulez
donc pas que votre pont soit réparé? Allons, condui-
sez-vous bien, et cette route de luxe vous sera con-
cédée. Le ministère des travaux publics touche à tous
les intérêts : on ne parle pas ici des ports, des canaux, des chemins de fer, de toutes ces grandes
créations dont la promesse, même chimérique, entraîne des arrondissements et des départements entiers. On ne mentionne ici que les objets qui forment
le courant ordinaire de l'administration. Même ra-
menée à ces termes, l'importance du ministère des
travaux publics le classe immédiatement après le ministère de l'intérieur. A la vérité, il n'a pas de fonds

secrets; mais, en revanche, voyez comme le *fonds commun* y abonde; sous ce rapport, il surpasse le ministère de l'intérieur lui-même.

Routes royales et ponts.

Chap. X. — *Fonds commun,* 2ᵉ catégorie. — Grosses réparations des routes et ponts,   6,000,000 fr.

Chap. XI. — Navigation intérieure, entretien et réparation. — *Fonds commun,* 2ᵉ catégorie. — Grosses réparations et travaux neufs.   1,500,000

Chap. XII. — Canaux. *Fonds commun.* — Grosses réparations et travaux neufs, 2ᵉ catégorie.   1,500,000

Chap. XIII. — Ports maritimes. *Fonds commun,* 2ᵉ catégorie. — Travaux neufs.   1,800,000

Total :   10,800,000 fr.

Ainsi, pour ces quatre chapitres, routes, rivières, canaux et ports, voilà un *fonds commun* de 10 millions 800,000 fr. Notez que je supprime tous les fonds de 1ʳᵉ catégorie, se montant à quelque 30 millions, parce qu'on peut les considérer comme affectés régulièrement à des services ordinaires dont ils ne sauraient être détournés. Il n'en reste pas moins une somme d'arbitraire énorme. J'entendais dernièrement quelqu'un s'adresser cette question :

« D'où vient donc que, pendant les élections, le ministère des travaux publics a fourni à la corruption un contingent plus considérable qu'aucun autre? » Voici la réponse : « C'est qu'aucun autre ministère n'a à sa disposition un aussi beau fonds commun. » Le ministère des travaux publics, chez nous, est en partie de création nouvelle, et le fonds commun est un fait de création moderne : c'est un perfectionnement administratif, et vous ne verrez pas un nouveau crédit s'établir, si ce n'est sur la base du bon plaisir, sur l'arbitraire du pouvoir, sur le principe du fonds commun.

10,800,000 francs ajoutés à 24,404,866 fr. font 35,204,866 fr.

Ministère de la guerre.

Fidèle à la loi que je me suis imposée de ne signaler ici que les crédits du budget qui par leur nature se prêtent évidemment à un abus facile, je ne veux, dans l'immense budget de la guerre, qui compte par 400 millions, rien relever en ce genre, pas même un fonds de secours de 990,000 francs, pas même les 250,000 fr. de fonds secrets sur l'Algérie, augmentés extraordinairement de 200 autres mille francs; je suppose bien et loyalement employés ces 990,000 fr. distribués arbitrairement; quant aux fonds secrets d'Afrique, qui tantôt servent à payer chèrement des armes de vil prix données en présent aux Arabes, tantôt à meubler à Paris un bel hôtel pour un collége arabe où il ne manque que des élèves, ces fonds sont mal employés assurément ; mais c'est précisément parce qu'on sait au profit de qui le mauvais emploi en est fait, qu'il serait injuste d'en attribuer l'application aux élections. Je me bornerai donc à signaler dans le budget de la guerre deux ou trois petits objets qui lors des élections font bien aussi leur office. Ainsi, le patronage du ministère de la guerre sur la maison d'éducation de Saint-Denis et sur les succursales a, dans le cours d'une année, du 1er décembre 1840 au 30 novembre 1841, fait admettre dans ces établissements, à la charge de l'Etat, cent un élèves à Saint-Denis, quatre-vingt-seize dans les succursales. Le ministère de la guerre exerce le même patronage sur les écoles militaires, pour lesquelles il donne des bourses aux frais de l'État ; le même ministère dispose aussi de douze bourses pour l'Ecole polytechnique (ceux de l'intérieur et de la marine, chacun de quatre), etc.

Toutes ces petites faveurs, dont on ne présente pas ici le résumé en chiffres, ont bien leur *valeur* électorale, et il est triste de penser que cette valeur est rigoureusement exploitée.

Ministère des finances.

Nul ministère ne fait plus de bruit en temps d'élection que le ministère des finances. N'est-ce pas lui qu'on suppose naturellement dépositaire de la clef d'or? Il faut ajouter qu'à lui seul il forme cinq ou six ministères : les contributions directes, les contributions indirectes, les domaines, les postes, les eaux et forêts, les douanes, etc., etc. Tout cela, c'est le ministère des finances. Jugez si en temps d'élection c'est un ministère important que celui qui dispose des perceptions et met en ligne, le jour du combat, sa phalange serrée de percepteurs, contrôleurs, receveurs; un ministère qui est le dispensateur suprême des bureaux de tabac, des bureaux de poste, de distribution et de direction, des bureaux d'enregistrement, qui accorde ou refuse, selon son gré, aux communes le droit de faire des coupes dans leurs bois ou des défrichements dans leurs forêts! L'influence de pareils actes n'est pas toujours appréciable en argent. Mais voici un chapitre où la somme d'arbitraire est au contraire bien précisée; c'est à la cinquième partie du budget des finances. Le centime additionnel au montant des contributions directes dont on a parlé plus haut porte au titre des remboursements, restitutions et primes, 1,908,110 f.

Laquelle somme, ajoutée à toutes les sommes qui précèdent, donne un total de 37,112,976.

Ainsi je retranche du budget toutes les dépenses ordinaires obligatoires et régulièrement fixées; je ne relève, parmi les dépenses *arbitraires*, que les plus arbitraires de toutes; je suppose bien employés tous les crédits pour lesquels il peut s'élever un doute favorable, je résous tous les doutes en faveur de l'administration ; j'écarte tout un ministère, celui de la marine et des colonies, quoiqu'il s'y trouve plus d'un crédit dont on pourrait abuser, parce que je vois aussi quelques motifs pour que l'abus n'ait pas lieu ; et malgré toutes ces concessions, j'arrive à trouver l'énorme chiffre de *trente-sept millions cent douze mille francs* livrés à l'arbitraire du gouvernement, et dont celui-ci s'empare comme d'un instrument électoral (1).

Assurément il n'est pas dans le vœu de la loi et des chambres qui l'ont votée que les crédits destinés aux services publics et aux besoins légitimes de l'administration soient convertis en moyens d'influence à l'époque des élections ; mais tel est cependant le fait. A l'avance, et plus de six mois avant le jour prévu pour les élections, le mot d'ordre est donné dans tous les ministères et dans toutes les administrations pour que tout y soit fait au profit des can-

(1) Depuis la première publication de cet écrit, on y a signalé l'omission de plusieurs objets portés au budget et qui prêtent à la corruption. L'auteur en convient volontiers, et se borne à répéter qu'il a toujours mieux aimé rester en deçà du vrai que de le dépasser. Cette même considération le porte à écarter de son travail un chiffre qu'il a dénoncé à tort comme un instrument de guerre électorale : c'est celui de 995,000 fr. pour deux mille cinq cent vingt-cinq boursés dans les séminaires ; plus 24,000 fr. pour les protestants (ministères des cultes). La vérité est que la disposition absolue de ce fonds appartient aux évêques et ministres du culte, et se trouve ainsi placée tout à fait en dehors du mouvement politique. On croit devoir, dans l'intérêt de la vérité, consigner ici cette observation, d'après laquelle la somme ci-dessus énoncée serait réduite à trente-six millions cent dix-sept mille francs (36,117,000 fr.).

didats ministériels et au préjudice des candidats de l'opposition. La marche accoutumée des choses est suspendue. Le crédit du plus obscur et du plus incapable député ministériel devient sans limites. Au contraire, toute affaire qui a le malheur d'être recommandée par un député opposant est aussitôt mise à l'index; ou si elle est de telle nature qu'il soit impossible de ne pas lui laisser son cours, on prie secrètement le futur candidat ministériel de l'appuyer; l'affaire étant terminée, on en annonce officiellement à celui-ci la conclusion, et on lui attribue ainsi tout le mérite.

Il paraît bien certain qu'au moment des dernières élections, quelques-uns des ministres, auxquels ce système général de corruption répugnait, firent de temps à autre quelques actes administratifs, non au point de vue des élections, mais au point de vue de l'équité. Il leur a fallu bientôt se plier à la règle établie. Cette règle, M. Guizot l'avait posée impitoyablement dans le conseil des ministres. Il fallait l'observer ou cesser d'être ministre. Cet argument ne pouvait manquer de soumettre les consciences indociles.

J'ai dit ce qui se passe à Paris : c'est bien pis encore dans les départements. A Paris, les ministres s'imposent une ligne de conduite et ils la suivent secrètement. Dans les départements, la règle adoptée est proclamée à haute voix et pratiquée sans mystère.

Elle n'est pas pratiqué partout de même, et voici pourquoi. Le ministère fait dresser la statistique exacte des colléges électoraux et des chances qu'ont dans chacun d'eux les candidats du ministère et de l'opposition. Là où l'opposition est sûre du succès, là où il n'y a rien à faire, il prend son parti, il s'abstient, ou du moins il laisse à ses agents le soin d'agir comme il leur plaira. Il réserve tous ses efforts et toute sa puissance d'action pour les colléges où il croit avoir des chances de renverser l'opposition. Il compte ainsi être d'autant plus puissant qu'il porte ses forces et ses moyens sur un moindre nombre d'arrondissements. On sait que, lors des dernières élections, le ministère, regardant comme certaines 380 élections soit ministérielles soit d'opposition, porta sur 70 colléges tout le poids de son influence.

Ainsi on peut dire que c'est en réalité sur 70 colléges qu'il a exercé *l'influence administrative* de ses 37,112,000 fr.

Les élections étant résolues, tous les préfets des départements où *il y a quelque chose à faire* sont mandés à Paris, car les préfets sont le canal par lequel arrivent aux électeurs les grâces de toute sorte et les 37 millions. A Paris, les préfets reçoivent verbalement les instructions que l'on ne pourrait sans se compromettre leur transmettre par écrit. Cette précaution est de première nécessité; grâce à elle, le ministère peut toujours désavouer les administrateurs pris en faute, et qui, du reste, n'ont fait que suivre exactement ses ordres. Ainsi animés par la voix du maître, les préfets reviennent dans leur département faire *du zèle électoral.*

« *Surtout, M. M...,* pas de *zèle,* disait M. Talley-« rand à ses subordonnés, *je ne déteste rien tant que le* « *zèle.* » Il paraît que telle n'est pas aujourd'hui la consigne du ministère pour ses agents à l'époque des élections.

Alors, dans chaque département où quelque élection est contestée, on voit partir de la préfecture comme deux courants contraires qu'il est curieux d'observer : l'un se dirigeant vers les localités bien pensantes, c'est-à-dire vers les communes et les cantons favorables au candidat ministériel, et leur portant tous les dons, toutes les faveurs, toutes les facilités, tous les bienfaits administratifs ; l'autre ayant son cours vers les localités amies de l'opposition, et leur apportant toutes sortes de rigueurs, tous les refus désobligeants, toutes les lenteurs de forme, toutes les iniquités de fond. Pour les premières, les secours, les subventions, *le fonds commun,* et, à défaut de fonds ordinaires, les fonds secrets. Pour les autres, rien, pas même la rigoureuse justice. Il importe que l'on sache que les communes qui votent bien ont droit à tous les priviléges, et que l'équité même est refusée à celles qui votent mal. Ceci est de bon exemple. Qu'importe la justice ? qu'importe qu'ici et là il y ait un nombre égal de pauvres à secourir ? Le fonds de charité ira là où il a y de bons

électeurs; là au contraire où les électeurs votent mal,
les pauvres mourront de faim. Petit malheur social
comparé à l'immense bien politique qui résultera du
système. Ici la question de morale est mesquine, et
le point de vue étroit de l'équité administrative
doit être écarté. Ce qui est grand, c'est la question
politique; ce qui est utile, c'est le principe que,
pour participer aux avantages de l'administration
il faut, par ses votes dans les élections, seconder la
politique générale du ministère; c'est qu'en votant
pour l'opposition, on perd aussitôt tout droit aux
bienfaits du pouvoir. Le moyen peut paraître injuste, mais voyez quel admirable but l'on poursuit,
et comme le but sanctifie le moyen! La politique
que nous suivons n'est-elle pas la meilleure, la plus
nécessaire au salut de la France? et n'est-ce pas ver-
tige de la part du pays de ne pas l'approuver? —
Sans doute. Eh bien! si l'on trouve un moyen à
l'aide duquel les colléges électoraux donnent la majorité à ce système, ce moyen, quelque blâmable
qu'il paraisse, n'est-il pas justifié? — Assurément.
Il faut ajouter que les pères jésuites ne raisonnaient
pas mieux.

Tel est, en résumé, le système de l'administration
lors des élections générales. Ce système ressort de
tous ses actes et du langage même de ses administrateurs. Des milliers de témoins attesteraient qu'à
l'aide de procédés de ce genre, les voix de leur commune, de leur canton ont été marchandées, et que

des localités où dominaient les principes de l'opposition ont ainsi été entraînées à voter pour les candidats du ministère.

Ce qu'il y a de plus remarquable dans ces faits, ce n'est pas qu'on les pratique, c'est qu'on les érige en système régulier de gouvernement. Non-seulement cela est utile, vous dira-t-on, mais encore cela est légitime. Est-ce que le gouvernement, dépositaire de certains bienfaits dont la répartition arbitraire lui appartient, sera assez insensé pour les distribuer à ses propres adversaires? Ceux qui soutiennent cette étrange théorie oublient, apparemment, que le gouvernement n'est pas un parti; ils oublient que tout le monde lui paye l'impôt et qu'il le doit rendre à tous par son administration, qui ne mérite plus la confiance publique du moment où ses actes sont déterminés par d'autres règles que celles de la justice et de l'équité.

C'est vraiment ici que le mal éclate dans toute sa gravité. Le ministère du 29 octobre a, il est vrai, dépassé ses devanciers en manœuvres électorales. Cependant, il faut bien le reconnaître, avant lui, des manœuvres du même genre avaient été employées. Il a perfectionné la corruption, il ne l'a pas inventée; mais ce qui est bien son œuvre, c'est la théorie qu'il en a faite.

Avant lui, on niait *le crime*. Aujourd'hui, on l'avoue hautement et on le transforme en un moyen honnête de gouverner. Autrefois, l'abus des moyens administratifs appliqués aux élections se commettait un instant, un jour de crise et d'orage, après lequel les choses reprenaient leur cours ordinaire et régulier ; aujourd'hui on est menacé de voir la partialité administrative survivre à la crise électorale, et se continuer toujours comme moyen de préparer de longue main les élections à venir. Un haut fonctionnaire du ministère de l'intérieur disait dernièrement en parlant de ce système : « Il nous a mal « servis cette fois, parce que nous nous y sommes « pris trop tard ; mais nous allons le maintenir sé- « vèrement en vigueur, et quand les colléges de « l'opposition auront pendant deux ou trois ans « goûté de ce régime, vous verrez qu'ils en auront « assez. »

Ainsi, voilà la doctrine de M. Guizot en matière électorale réduite à ses termes les plus simples : il faut mettre en pénitence les arrondissements de France qui se conduisent mal, c'est-à-dire qui osent penser que le ministère actuel n'est ni libéral au dedans, ni digne au dehors.

DEUXIÈME PARTIE.

Conséquences du système pratiqué par le ministère.

Après avoir exposé les faits et montré comment le génie doctrinaire de M. Guizot a élevé un moyen de fraude jusqu'à la hauteur d'un procédé légitime de gouvernement, je voudrais appeler l'attention des lecteurs sur quelques-unes des principales conséquences qui résultent de ces faits et du principe que l'on en tire.

A mes yeux ce système a quatre conséquences principales également désastreuses :

1° Il fait naître un péril très-sérieux pour l'existence en France du gouvernement représentatif et du principe parlementaire.

2° Il déprave profondément les mœurs publiques ; il amènera très-rapidement, par la corruption administrative dans le corps électoral, la corruption particulière ; et par la fraude, il provoquera la violence.

3° Il porte un coup funeste à l'administration en dénaturant l'esprit de ses agents et de ses actes.

4° Enfin il compromet le principe même de la centralisation en France.

I. Je dis que ce système attaque dans son principe le gouvernement représentatif. On se demande, en effet, ce que signifient des élections où les électeurs nomment, non pas l'homme de leur choix, mais celui que leur désigne le ministère.

Et qu'on ne se rassure point sur ce péril en se persuadant qu'on l'exagère : non, le péril est réel et très-grand. Il y a, qu'on ne s'y trompe pas, une énorme puissance dans l'emploi habile et systématique de pareils moyens. Croit-on que ce ne soit pas une grave épreuve pour des arrondissements entiers de se voir traités par l'administration comme des parias, uniquement parce que leurs votes politiques ont déplu au pouvoir? De tels moyens sont bien autrement efficaces que les faveurs individuelles, les distributions de croix, de places et de pensions. Une place, c'est une voix; mais quand vous donnez 1,000 fr. pour l'école d'une commune, 10,000 fr. pour l'église d'un canton, voilà toute une commune, tout un canton peut-être conquis, et vingt-cinq ou trente électeurs gagnés d'un seul coup. Si vous achetez une voix à prix d'argent, si vous marchandez un suffrage pour un emploi salarié, vous vous compromettez moralement et légalement, car vous savez que vous commettez un délit prévu par la loi pénale. Voyez, au contraire, comme tout est profit de prendre la voie administrative. Le même acte qui est criminel appliqué à un seul individu, est réputé innocent lorsqu'il touche toute une localité; on est en règle, et l'on gagne trente voix au lieu d'une seule. Enfin, lorsqu'on prend les voix une à une, rien n'est plus épineux ni plus compliqué; au contraire, tout devient facile lorsqu'au lieu de s'adresser à l'intérêt individuel, on s'adresse à l'intérêt local.

Ce serait une grande erreur de croire que ce système de corruption administrative est en soi peu dangereux parce qu'il n'a pas été, lors des dernières élections, aussi efficace que l'aurait voulu le ministère. D'abord, de ce que le ministère n'en a pas tiré tout ce qu'il désirait, on aurait tort de conclure qu'il n'en a rien obtenu. L'opposition et le parti ministériel se balancent à peu près dans la chambre : qui est-ce qui soutiendrait de bonne foi que la même pondération existe dans les colléges électoraux? Qui ne sait que, sans les puissantes manœuvres du système, l'opposition serait dans la chambre en grande majorité? Le ministère, qui a tiré parti de ces manœuvres, croyait en obtenir plus encore, cela est vrai. Et ce qui est encore très-certain, c'est qu'il en eût retiré un bien plus grand avantage sans l'immense impopularité dont il est à jamais atteint. Je suis convaincu que sans cette circonstance l'emploi hardi qu'il a fait de pareils moyens eût été infiniment plus fécond. Mais que l'opposition y prenne bien garde : une pareille impopularité dans un ministère est un accident rare sur lequel on aurait tort de compter; et il pourrait très-bien survenir tel ou tel ministère tout aussi mauvais au fond que celui du 29 octobre, et qui, étant moins impopulaire, pourrait, en empruntant à l'administration les mêmes moyens coupables d'influence, confisquer à son profit la représentation nationale.

II. Ce système déprave profondément les mœurs publiques. Je n'en citerai au besoin qu'un exemple. Lors des dernières élections, des électeurs d'une commune que je connais, d'opinions fort indépendantes et toutes dévouées à l'opposition, votèrent cependant pour le candidat ministériel, sur la promesse faite par le préfet qu'en échange d'un vote favorable leur commune obtiendrait un certain avantage local. Je me rappelle avoir, après les élections, entendu ces braves gens s'écrier dans une sorte de trouble et d'anxiété : « *Que voulez-vous! il faut pour-* « *tant bien faire quelque chose pour le pays!* » — Pour le pays, c'est-à-dire pour le clocher du village; c'est-à-dire que pour 1,000 fr., pour 500 fr. de subvention promis à la commune, les intérêts de la France sont sacrifiés! Ce qui est triste, c'est que ceux qui agissent ainsi croient bien faire. Il leur en coûte de ne pas nommer l'homme de leurs principes et de leur con-viction, mais il faut bien *faire quelque chose pour le pays*, et ils se dévouent; c'est par dévueoment qu'ils vendent leur conscience! Une administration est bien coupable lorsque, pour prolonger de quelques jours sa vie néfaste, elle répand dans l'âme des ci-to yens les germes d'une pareille dépravation.

On a eu grand'raison de dire qu'un pareil système de corruption était bien plus dangereux que celui qui est usité en Angleterre. D'abord ce qui caracté-rise cette corruption, c'est de se pratiquer avec l'ar-gent d'autrui. En Angleterre, celui qui commet la mauvaise action d'acheter des suffrages électoraux en porte au moins la charge, car il les paye de ses de-niers; et c'est déjà pour lui un frein en même temps qu'un commencement de peine. Chez nous, au con-traire, la corruption qu'exerce le pouvoir est par trop commode et trop gratuite; et comme il achète les votes avec l'argent de tout le monde, rien ne le con-tient dans cette voie. — La corruption ainsi exercée est plus dangereuse qu'en Angleterre par un autre motif : en Angleterre, la corruption, s'agitant dans une sphère toute privée, ne cesse jamais d'être méprisable et flétrie. En France, au contraire, il semble que le gouvernement la réhabilite en la pratiquant ; et l'acte le plus dégradant prend un caractère presque honorable sous les auspices de l'autorité publique. Assurément vingt-cinq électeurs d'un canton, votant contre leur conscience en vue de procurer à leur localité tel ou tel avantage, font un acte tout aussi immoral en soi que celui qui vend son vote pour une somme déterminée ; dans l'un et l'autre cas, c'est la perspective d'un intérêt privé qui les fait manquer à un devoir public, et vainement l'intérêt local s'entoure de toutes les apparences de l'intérêt public ; tout avantage local se divise si facilement par la pensée, que chacun voit tout de suite et apprécie rigoureusement la part qui lui en reviendra. Quand l'État donne à une commune 10,000 fr. pour réparer son clocher, il n'est pas bien difficile pour chaque habitant de calculer que la commune aura pour cet objet 10,000 fr. de moins à payer ; c'est-à-dire que s'il y a dans la commune seulement dix contribuables, ce sera pour chacun d'eux un profit de 1,000 fr. ; s'il y en a cent, pour chacun un profit de 100 fr. ; s'il y en a mille, un profit de 10 fr. Pourquoi donc le même homme qui repoussera comme honteuse une transaction individuelle acceptera-t-il sans beaucoup de peine une transaction collective ? C'est que dans un cas son jugement est sain, tandis que dans l'autre il est perverti ; c'est qu'il voit l'infamie évidente dans l'or que lui propose la corruption privée, tandis qu'il ne soupçonne même pas d'immoralité l'acte qui émane du pouvoir. Sans doute sa conscience finit par l'avertir que cet acte est mauvais ; mais si quelques-uns acceptent avec joie cette lumière, d'autres en repoussent la clarté. Bien des localités dévouées à l'opposition se fatiguent de leur résistance ; elles se lassent de l'ilotisme auquel elles sont condamnées ; elles s'en exagèrent même les conséquences, et dans un pays où l'agent du pouvoir est tout à la fois si peu populaire et si influent, on souffre à la longue d'être en lutte avec lui. Dans cette disposition, bien des vertus chancelantes ne se soutiennent que par le sentiment public, et quand elles voient qu'on est indulgent pour de certaines faiblesses, elles s'y laissent aller. Ce qui les touche alors, ce n'est pas leur propre jugement, c'est celui du public ; elles sont heureuses de pouvoir se livrer à des conditions en apparence honnêtes, et de couvrir leur défection d'une sorte de patriotisme. Il n'y a pas de pire corruption que celle qui se pratique sous le masque de la vertu même ; qui, avant d'arriver aux sentiments, commence par se prendre aux idées, et, pour atteindre le cœur, commence par dépraver l'esprit. Aussi, ce qui importe avant tout, c'est d'attaquer et de flétrir la fausse et mauvaise doctrine. La manœuvre sera peu pratiquée quand elle sera avilie, lorsqu'elle aura perdu l'espèce de patronage qu'elle trouve dans une fausse opinion. Le péril cessera le jour où les citoyens verront clairement que la corruption collective est tout aussi immorale et bien plus dangereuse par ses conséquences que la corruption individuelle; lorsqu'il sera bien établi dans nos mœurs politiques que les membres d'une commune sont aussi répréhensibles en donnant leurs votes pour une subvention ou un fonds de secours, que si chacun d'eux se vendait à prix d'argent.

La corruption exercée par le pouvoir aura une autre conséquence inévitable : ce sera de faire naître parmi nous la corruption privée. Quand il sera bien établi par l'exemple même de l'autorité publique, qu'en matière d'élection il est permis et légitime d'acheter des suffrages, il sera bientôt universellement admis que les particuliers peuvent, à plus forte raison, pratiquer le même commerce à leur profit. Et quel triste spectacle offriront nos élections le jour où les votes seront ainsi mis à l'enchère! Sans doute le gouvernement, avec son gros budget, son immense patronage, ses 37 millions dont il dispose arbitrairement, restera toujours le plus gros acquéreur. Mais voyez-vous, luttant contre ce formidable adversaire, les candidats de la démocratie! Les voyez-vous réduits à dépenser 20,000, 50,000 fr. pour leur élection! Leur situation serait mille fois pire que celle du candidat en Angleterre. Tandis qu'en France presque tous les candidats sont d'une fortune mé.

diocre, en Angleterre les candidats riches abondent. Et puis supposez-les riches, voyez combien sous d'autres rapports leur position chez nous sera différente. En Angleterre, celui qui oppose corruption à corruption, manœuvres à manœuvres, n'a jamais en face de lui qu'un particulier dont les moyens d'action sont limités et dont il a d'avance mesuré la force : son adversaire est riche, mais il est riche lui-même; tous deux sont grands seigneurs : l'un et l'autre rivalisent d'influence. Le combat peut se soutenir à armes égales. Mais en France, qui est-ce qui, dans une lutte de corruption, pourra entreprendre de jouter contre le gouvernement, c'est-à-dire contre le budget, contre la source de toute puissance, de toute richesse, contre la fortune de tout le monde, contre des moyens et des facultés sans bornes?

Que l'on réfléchisse attentivement aux conséquences qui suivront ce système pratiqué pendant quelque temps en France, et l'on verra que la corruption électorale conduira directement et très-vite à la corruption parlementaire. Les fortunes médiocres (et ce sont les bonnes pour la chambre) s'éloigneront de l'arène, où ne paraîtront plus que les spéculateurs et les intrigants. Alors on verra tel ou tel candidat, atteint dans sa réputation et dans sa fortune, chercher son salut dans quelque expédient, emprunter 30 ou 40,000 fr., les dépenser à son élection, arriver à la chambre épuisé et hors d'haleine; et après s'être ainsi ruiné à acheter ses électeurs, se hâter de se vendre au pouvoir pour se refaire. Il payera les intérêts de sa dette avec les émoluments d'une bonne place. Déjà beaucoup de députés, le lendemain de leur élection, demandent un emploi. Ce que produit aujourd'hui une blâmable ambition se fera alors sous le coup d'une sorte de nécessité.

La corruption, dans une société démocratique, présente des faces absolument inconnues dans des pays d'aristocratie : dès que la vénalité s'y introduit, les gens à vendre y abondent, et les acheteurs y étant eux-mêmes assez pauvres, s'y trouvent dans une condition toute particulière. En Angleterre la corruption est sans doute onéreuse à ceux qui l'exercent : rien n'est plus fréquent dans ce pays qu'une élection qui a coûté à chacun des candidats de 4 à 8,000 livres sterling (c'est-à-dire de 100 à 200,000 fr.). Des dépenses électorales de 500,000 fr. et même d'un million ne sont point rares, et quand on en est quitte pour 30 ou 40,000 fr., c'est être élu pour rien, tout cela en dépit de la réforme parlementaire de 1832. Cependant on peut dire qu'en Angleterre ce système de corruption est plus funeste à ceux qui le subissent, aux électeurs qui en reçoivent le prix, qu'au candidat qui en fait les frais. Celui-ci, grand propriétaire, s'il a dépensé 100,000 fr. à son élection, réduira cette année sa dépense d'un tiers ou d'un quart, et la brèche faite à sa fortune sera promptement réparée. Il trouvera d'ailleurs dans les jouissances de son orgueil satisfait une compensation du sacrifice qu'il a fait. Le voilà membre d'une assemblée investie de la plus grande puissance politique qui ait appartenu à aucune réunion de patriciens depuis le sénat romain. Il est membre du parlement britannique et il a toujours une immense fortune. Comparez à sa situation celle du pauvre petit propriétaire français hypothéquant son modeste patrimoine pour faire face aux *nécessités* de la lutte électorale. C'est à grand'peine s'il peut garder son équilibre, aujourd'hui que pour être nommé à la chambre il n'en coûte rien; comment donc se soutiendra-t-il lorsque chaque élection, en augmentant sa dette, viendra diminuer son revenu?

Que la corruption s'étende et se propage, vous n'aurez bientôt pour candidats que des banquiers ou des mendiants, des gens très-pauvres ou très-riches, pour qui la députation sera un moyen de faire leur fortune ou de l'accroître, et qui achèteront leur entrée à la chambre afin d'obtenir une place ou pour jouer plus sûrement à la bourse. Voilà comment la corruption électorale, pratiquée par le pouvoir, en poussant à la corruption privée, conduit fatalement à la corruption parlementaire.

La corruption électorale exercée par l'administration n'a pas seulement ce triste résultat de provoquer la corruption privée : elle a un autre effet non moins grave et encore plus certain : c'est d'exciter au plus haut degré les passions violentes, et ceci se comprend sans peine. Voici deux candidats dans un collége; l'un, celui du ministère, est soutenu par toutes les puissances de l'administration. Tout est mis en œuvre pour l'aider, places, faveurs, subventions; quelque résistance apparaît, on la brise; des électeurs opposants élèvent la voix, on les séduit; il ne fallait plus qu'un canton pour faire la majorité, on vient de l'acheter avec des bureaux de poste et d'enregistrement.

Que voulez-vous qu'oppose à de pareils moyens le candidat de l'opposition, livré à sa propre force et à l'appui de quelques consciences persévérantes? Son échec est assuré. Cependant l'arrondissement où ces choses se passent est en grande majorité dévoué à l'opposition; et le parti national, qui s'y voit près d'être vaincu, sent pourtant que la victoire devrait lui appartenir; il se compte : il est en nombre, il est témoin des manœuvres et de leurs effets; il voit s'opérer une à une les défections de ses partisans; la contagion gagne de proche en proche et menace de l'atteindre au cœur; alors, et comme par un mouvement spontané, le parti national redresse sa tête. A ce signal, tout ce qu'il y a d'hommes indépendants et énergiques se mettent en campagne, visitent leurs concitoyens, relèvent les courages abattus, excitent les faibles, intimident les lâches, s'efforcent de ranimer dans toutes les âmes le patriotisme qui meurt et le dévouement qui s'éteint. — Odieux moyen d'influence, dit-on, emprunté à l'intimidation! Et que voulez-vous que fassent ceux qui, attaqués ainsi par la fraude et par la ruse, n'ont rien de pareil à opposer? Que leur reste-t-il, sinon de s'agiter et de répondre par l'action à la corruption? Ah! sans doute, comme vous j'aimerais mieux l'électeur paisible, laissé à sa conscience et déposant avec calme son vote dans l'urne électorale. Mais si vous circonvenez cet électeur par mille artifices; si vous troublez son âme par la séduction; si par un appel fait aux passions cupides et basses, vous desséchez en lui la source de l'indépendance et des sentiments généreux; et si par cette violence morale faite à ses convictions, vous lui arrachez un vote qu'il juge lui-même funeste au pays, oh! ne vous étonnez pas de ce que la fraude provoque l'intimidation; de ce qu'à côté de la voix qui séduit secrètement s'élève la voix qui parle haut et menace; et comptez bien que si le gouvernement continue ainsi à corrompre, il amènera forcément le pays à la violence.

III. J'ai dit que la corruption pratiquée par le gouvernement dans les élections porte un coup funeste à l'administration en France, en dénaturant l'esprit de ses agents et de ses actes. Ceci est certainement un des effets les plus désastreux du système que j'attaque ici. L'organisation administrative que la France doit au génie de Napoléon est sans contredit une des puissances de notre gouvernement; elle a un mérite singulier, très-précieux dans un temps de révolution comme le nôtre, c'est celui d'exister indépendamment même de toute forme de gouvernement, et de continuer son action paisible au milieu des bouleversements politiques ; semblable en cela à la justice, qui n'est jamais vacante et qui représente encore la société quand le gouvernement n'est plus. C'est que dans la pensée publique, l'administration est elle-même une justice, c'est-à-dire un pouvoir supérieur chargé de répartir impartialement entre tous les citoyens et entre toutes les parties du territoire les bienfaits du gouvernement central, comme le juge distribue à tous les actes de son équité. C'est cette opinion publique qui fait toute la force morale de l'administration. Cependant, le système de corruption adopté pour les élections dépouille chaque jour l'administration de ce caractère élevé, et tend de plus en plus à la dégrader. Comment voulez-vous que l'administration continue d'être honorée, lorsqu'au lieu de se placer à ce point de vue général, de haute et éternelle justice, qui ferait sa puissance, elle cherche la règle de sa conduite et les motifs de ses décisions dans les besoins mesquins et mobiles de l'intérêt électoral ? Et cependant combien la confiance publique est nécessaire à cette administration, qui en France est si puissante, qui par l'impôt touche à toutes les fortunes, par le recrutement à toutes les existences ! Quel mal immense sera produit le jour où parmi les populations on ne se fiera plus à sa probité et à son impartialité, si l'on en venait, par exemple, à croire que, pour l'utilité des élections, on exploite tout, jusqu'au recrutement, cette loi dure, la plus nécessaire au pays, mais la plus abominable de toutes si elle n'est pas appliquée avec la plus stricte équité! Certes, il ne faudrait pas légèrement accuser l'administration d'une partialité odieuse en cette matière. Et cependant ne sait-on pas que dans plusieurs départements, des préfets se sont conduits de manière, sinon à autoriser, du moins à expliquer un commencement de défiance contre l'administration? N'a-t-on pas vu des préfets, dans leurs dernières tournées du conseil de révision qui a précédé de peu de jours les élections, marcher sans cesse escortés du candidat ministériel, qui, comme membre du conseil général, avait qualité pour les accompagner dans son canton, mais non dans tous les autres cantons; ne pas s'en séparer un instant, affecter de le consulter dans toutes les occasions délicates; à la vérité répandre ainsi dans tout le pays l'idée de son grand crédit auprès du pouvoir; mais en même temps verser au sein de la population cette pensée désolante, que même dans la répartition de l'impôt du sang, il n'y a pas de justice? De pareilles impressions seraient mortelles à l'administration.

Un tel système n'est pas moins funeste à la dignité et à la véritable influence de l'administrateur. A quel rôle se trouve aujourd'hui condamné le préfet d'un département? Sa tâche n'est point d'administrer : c'est de faire des élections, et ce but étant donné, de tout y rapporter. Le bon préfet n'est point l'administrateur équitable qui, protégeant tous les droits et secondant tous les intérêts légitimes, travaille sans relâche à développer la richesse, le bien-être et la prospérité du pays confié à ses soins. Le bon préfet est celui qui, en arrivant dans son département, y apprend par cœur sa liste électorale, connaît exactement l'opinion de chacun, ses relations de famille, ses ambitions, l'âge de ses enfants, de ses neveux; et cette statistique une fois faite, ne néglige rien pour conserver les bons et gagner les mauvais. Le bon préfet est celui qui sait habilement découvrir toutes les faiblesses les plus cachées du corps électoral. Dernièrement, comme un préfet demandait à un électeur de l'opposition ce que l'on pourrait faire pour l'adoucir : — Je ne désire rien, lui répondit fièrement l'électeur indépendant. — En êtes-vous bien sûr? répondit le préfet ; et voilà que l'électeur, en cherchant un peu, se ressouvint d'un petit-cousin à qui une place d'*aspirant surnuméraire* fut promise à condition que l'électeur *indépendant* voterait cette fois pour le ministère. Voilà un bon préfet.

Le bon préfet est celui qui donne tout aux communes bien pensantes et n'accorde rien aux communes où l'opposition domine ; qui refuse brutalement quand il en a le droit, et quand il ne l'a pas, suscite mille retards, mille difficultés; en un mot, c'est celui qui n'a qu'un amour, l'amour du candidat ministériel ; qu'une haine, la haine du candidat de l'opposition.

C'est celui qui aime le premier d'une affection, et qui hait le second d'une haine toute ministérielle ;—de telle sorte que le ministère changeant, son âme peut, avec une admirable souplesse, se prêter à haïr celui qu'elle aimait, et à aimer l'objet de sa haine. Et quand un administrateur en est venu, à force de dévouement, d'efforts, d'intrigues et d'abaissement, à être ce qu'au ministère de l'intérieur on appelle *un bon préfet*, il est aussi dans le département un administrateur haï du plus grand nombre, méprisé de tous et incapable d'y faire le bien.

IV. J'ai dit que ce système compromet le principe même de la centralisation en Frauce.

Certes, c'est une belle et grande idée que celle sur laquelle repose le système de notre centralisation. On peut en critiquer l'extension exagérée et son application aveugle à tous les détails de la vie sociale; mais il est impossible de méconnaître ce qu'il y a d'élevé et de puissant dans cette vaste unité gouvernementale qui, embrassant la France entière, ramenant à un grand tout les mille petites parties dont elle se compose, les rassemble toutes par un lien commun; les anime d'un même esprit, leur souffle une même passion, les meut à son gré, les pousse et les contient tour à tour, assimile ainsi 33 millions d'hommes, en dépit des origines diverses, des oppositions de climat, des dissidences de cultes, les saisit dès le berceau, les moule à une commune effigie, dans l'école les initie à des connaissances pareilles, dans l'Eglise à des croyances uniformes, et qui, réunissant ainsi toutes les ressources de cette immense association, puissante et riche au delà de toute mesure, parce que toutes les forces et toutes les richesses du pays arrivent à elle, se trouve naturellement la dispensatrice snprême de tous les biens qu'elle a reçus, peut récompenser tous les services, honorer tous les dévouements, indemniser de tous les sacrifices, porter la force partout où se montre une faiblesse, offrir une assistance partout où se révèle le besoin d'un secours, si une partie du territoire a subi un désastre, si quelque citoyen a encouru une disgrâce, réparer le mal avec le trésor commun, et réaliser ainsi une grande et généreuse communauté, où toutes les infortunes et toutes les inégalités trouvent une réparation assurée dans l'équité suprême du gouvernement.

Mais on se demande ce que devient cette belle théorie si, au lieu de se pratiquer au point de vue de la justice générale, elle se change, entre les mains de quelques hommes, en un vil instrument de parti politique; si cette vaste distribution de richesses qui affluent au centre se fait au profit de ceux qui y ont droit, non par leur malheur ou leur mérite, mais par leurs intrigues et par leurs lâchetés; si les citoyens, les communes, les départements doivent chaque année payer de lourds impôts, non pour se prêter un mutuel appui, mais pour fournir une arme de combat politique dans les élections, hier au profit de M. Molé contre M. Guizot, aujourd'hui au profit de M. Guizot contre M. Thiers, demain au profit de M. Thiers contre M. Odilon Barrot? En vérité, si le mal que l'on signale ici était irremédiable, inhérent à la centralisation telle qu'elle existe en France, je ne sache pas de partisan si sincère de son principe qui n'en devînt aussitôt l'adversaire. En nous promettant un gouvernement national et fort, elle nous donnerait un gouvernement très-puissant pour la corruption; et en faisant de la France un pays corrompu, elle ferait ce qui prépare le mieux un pays à la servitude et à la conquête.

TROISIÈME PARTIE.

Dans quel mesure un ministère constitutionnel doit influer sur les élections.

Nous disions que si le système suivi par le ministère était inévitable, il faudrait désespérer de nos institutions constitutionnelles, et peut-être du pays lui-même, qui arriverait rapidement à sa ruine par la corruption. Mais est-il vrai qu'aucun remède n'existe pour un pareil mal? Et d'abord, est-il dans la nature même de notre gouvernement que chaque ministère fasse ainsi servir au succès des élections tous les ressorts de l'administration publique? La tentation d'en faire usage est-elle si grande qu'il soit impossible d'espérer raisonnablement qu'aucun ministère y renonce volontairement? Dans le cas où il serait vrai qu'aucun ministère ne renoncera jamais de lui-même et de son plein gré à se servir, dans les élections, des armes de combat que lui fournit notre organisation administrative, nos institutions civiles et politiques ne nous fournissent-elles pas aussi quelques moyens, sinon d'arracher ces armes funestes des mains du pouvoir, du moins de lui en rendre l'usage moins facile et moins dangereux? Nous sommes donc conduits d'abord à examiner cette première et grave question : Quelle doit être, dans notre système constitutionnel, la part d'intervention du pouvoir dans les élections? Discutons d'abord ce point. Lorsque nous aurons constaté ce qui à notre sens devrait être la conduite de l'administration durant les élections, nous rechercherons ce qui reste à faire lorsque l'administration agit autrement qu'elle ne doit et sort des limites qu'elle devrait respecter.

Assurément il suffit d'exposer le système que pratique le pouvoir en France lors des élections pour juger qu'il est détestable et funeste : maintenant quelle devrait être la règle de conduite d'un ministère résolu de procéder constitutionnellement et moralement?

Il est évident que le pouvoir, en temps d'élection, agit de telle sorte qu'il se substitue au pays : maintenant doit-il s'abstenir absolument de toute action et disparaître entièrement de l'arène avant et pendant le combat?

Les principes à poser en cette matière sont d'autant plus délicats qu'ils sont neufs, car on n'est aidé ici par l'exemple ou l'analogie d'aucun autre pays libre. On ne saurait, en effet, tirer aucun enseignement très-concluant de ce qui se passe en temps d'élection en Angleterre et aux États-Unis.

Dans ces deux pays la corruption administrative, telle qu'on l'a définie plus haut, est absolument inconnue. Sans doute il est permis d'attribuer une bonne partie de ce fait au principe politique des deux gouvernements, qui, quoique bien différents dans leur forme, procèdent cependant l'un et l'autre de la souveraineté nationale, et l'on conçoit que là où domine la souveraineté nationale, l'intervention du pouvoir exécutif dans les élections soit une véritable anomalie. Cependant l'existence de ce principe dans un gouvernement n'est pas un remède absolu contre le mal. En France, notre gouvernement ne procède-t-il pas du même principe?

Mais en Angleterre comme aux États-Unis, il existe, pour empêcher la corruption administrative, un fait bien plus puissant que ce principe. Ce fait, c'est l'absence entière d'administration dépendante du pouvoir politique qui fait les élections. Alors même que dans ces deux pays les gouvernements se croiraient tout permis pour se créer une majorité parlementaire, les moyens d'influence et d'action leur manqueraient absolument, parce que rien n'est centralisé dans leurs mains. Tout ce qui chez nous est l'œuvre du gouvernement central se fait aux États-Unis par le gouvernement particulier des États, et en Angleterre par l'administration locale des comtés. Le président des États-Unis n'a pas, la veille d'une élection, 500 fr. de subvention à offrir à aucune localité dans aucun des États. Telle est aussi l'organisation administrative de l'Angleterre, que le ministère ne possède pas un seul fonds dont la disposition arbitraire lui appartienne et dont il puisse user à l'époque des élections. Des communes sont-elles grêlées ou souffrent-elles quelque autre dommage de force majeure, l'indemnité, s'il y a lieu, ne leur peut venir que de l'assemblée du comté. S'agit-il d'ouvrir de nouvelles routes, de jeter des ponts sur des rivières, d'allouer des fonds pour la construction d'une école, d'une prison, d'un hôpital, tout cela ne regarde en rien le gouvernement central, ou du moins lorsqu'il a qualité pour s'en occuper, ce n'est jamais pour donner de l'argent, car il n'a pas pour ces objets la disposition d'un centime. Chaque comté s'impose ou est imposé pour ses propres affaires, mais nul ne paye pour un autre. Je me rappellerai toujours avoir visité à Londres les bureaux du ministère de l'intérieur (*home department*). Le personnel se compose d'un chef de bureau et de deux employés. Il y a loin de là au système de la rue de Grenelle, où il se trouve des bureaux pour toutes choses, même le bureau de l'esprit public.

On conçoit que, dans de tels pays, on puisse, en

temps d'élection, redouter comme chez nous la violence des partis, les intrigues individuelles, les entre-
prises particulières de corruption. Mais ce qui, évidemment, n'est point à craindre, parce que c'est impossible, c'est la corruption du pays par le gouvernement lui-même. On voit que ce qui préserve les élections anglaises et américaines de la corruption administrative, c'est surtout le système d'administration, plus encore que la puissance des principes
constitutionnels.

Lors du bill de réforme de 1832, on a calculé,
en Angleterre, que sur 658 membres du parlement,
16 étaient nommés par l'influence du gouvernement.
Ces 16 membres sont nommés d'ordinaire dans les
ports de mer et dans quelques villes de commerce
dépendantes, par leurs besoins, du gouvernement
britannique. Ce seul fait montre clairement deux
choses : la première, que partout où le gouvernement central trouve sous sa main de certains moyens
d'influence et d'action sur les élections, il en fait
usage et même en abuse ; et, d'un autre côté, qu'en
Angleterre ces moyens d'action sont restreints à un
si petit nombre de cas, qu'il n'y a pas même dans
l'abus la source d'un péril sérieux pour les institutions. Ceci montre également comment nul danger
réel n'en pouvant résulter, jamais en Angleterre
aucune alarme n'en a été conçue ; et c'en est assez
aussi pour prouver que si en Angleterre rien n'a été
tenté pour combattre ce mal insignifiant, nulle con-

séquence n'en est à tirer pour la France, où la plaie est immense et profonde.

Maintenant, si à défaut d'exemples dont l'imitation nous soit offerte, nous consultons le bon sens et la raison, celle-ci nous dira que l'intervention active, directe du pouvoir dans les élections, est quelque chose d'absurde dans un gouvernement fondé sur le système représentatif. Quel est, à vrai dire, le sens d'une élection générale? C'est un appel du gouvernement au pays, qui est ainsi consulté sur la politique suivie et à suivre. Or, que signifie cet appel, si celui qui le fait se répond à lui-même? Que signifie la réponse, si elle est dictée par celui même qui la sollicite? Qu'arrivera-t-il si le petit nombre d'électeurs qui ont mandat de représenter le pays sont entourés d'une séduction si puissante qu'ils mentent à leur conscience et sacrifient à leur intérêt privé le vote qu'ils devaient à l'intérêt général?

Il en résultera que le gouvernement, tout en paraissant consulter le pays, ne consultera que lui-même, et que les électeurs seront, au fond, très-irrités contre la politique qu'ils auront l'air d'approuver. Il en résultera que les mandataires officiels du pays ne seront en réalité que les représentants de l'administration. Il suivra de là que le pays sera chargé d'impôts et d'opprobre, faute de représentants réels qui défendent sa fortune et son honneur ; et que le gouvernement lui-même sera faible et impuissant, faute d'une force nationale sur laquelle il s'appuie. Il s'ensuivra encore que, trompés tous les deux par l'apparence d'un parlement régulier, le gouvernement et le pays seront excités, le premier à tout oser, le second à tout souffrir, jusqu'au jour où la mesure des maux étant comblée, la voix du pays se fera entendre et prouvera, en éclatant, tout le vice d'une représentation mensongère.

Que doit faire le gouvernement lorsque des élections ont lieu? Un seul devoir lui incombe : c'est de veiller à ce que le pays exprime sincèrement et librement son opinion. C'est là évidemment la seule mission du pouvoir pendant les élections; et l'on est en droit de s'étonner qu'une vérité aussi simple puisse rencontrer des contradicteurs. Elle n'était pas contestée, cette vérité, après la révolution de juillet, et jamais elle ne fut proclamée en termes plus nets et plus éloquens que par M. Guizot lui-même. Voici en effet ce que M. Guizot, alors ministre de l'intérieur, écrivait aux préfets à la date du 29 septembre 1850, lors de la convocation de cent onze colléges électoraux :

« Dans une circonstance si importante, monsieur le préfet, vous
« ne serez pas surpris de ce que je vous entretienne plus spécia-
« lement des devoirs de l'administration. Ses intentions ne sau-
« raient être que conformes à ses devoirs.

« Ces devoirs sont simples. La mauvaise politique d'un pouvoir
« trop faible pour se passer d'artifices les compliquait en les dé-
« figurant. Un gouvernement national se fie à la France du choix
« de ses députés. Il ne rend pas l'administration responsable des
« votes que recèle l'urne électorale. *Assurer l'entière liberté des*

« *suffrages en maintenant sévèrement l'ordre légal, voilà toute*
« *son ambition.* Comme la charte, les élections désormais doivent
« être une vérité.

« Vous sentez, monsieur le préfet, quelle scrupuleuse impar-
« tialité vous est imposée. Le temps n'est pas si éloigné où la
« puissance publique, se plaçant entre les intérêts et les conscien-
« ces, s'efforçait de faire mentir le pays tout entier contre lui-
« même, et de le suborner comme un faux témoin. En dénaturant
« sa mission, en excédant ses droits, elle a compromis ainsi même
« sa légitime influence. Ce n'est que par une réaction de justice,
« de probité, de modération, que l'administration peut reconqué-
« rir cette autorité morale qui lui est si nécessaire et qui fait sa
« force. Il faut que les pouvoirs s'honorent pour s'affermir. Ainsi,
« monsieur le préfet, quelque importance que le gouvernement
« attache au résultat des élections, n'oubliez jamais qu'il l'attend
« avec trop de sécurité pour prétendre, même indirectement, à le
« dominer. »

C'est le cas de dire, comme M. de Broglie : *Est-ce
clair ?* — Certes, les principes que nous cherchions
tout à l'heure sont posés ici avec une précision qui
ne laisse rien à désirer. C'est le pays qui fait le choix
de ses représentants; il les choisira tels qu'il lui plaira;
c'est son affaire. Celle de l'administration, c'est de veiller à ce que la liberté des suffrages soit complète et que
le bon ordre règne dans les élections. Ainsi disparaît
toute cette théorie de la corruption érigée en moyen
légitime d'influence dans les élections. La circulaire
ne dit rien non plus de cette autre doctrine suivant
laquelle la corruption électorale serait inhérente au
système représentatif et pourrait seule en conjurer
les périls. Tous ces auxiliaires de la faiblesse et de la

mauvaise foi sont dédaignés par le ministre de 1830.
M. Guizot définit en termes nobles et simples la mission du pouvoir et de ses agents en temps d'élection ; et comme il craint que, réduite à ses véritables termes, cette mission ne paraisse étroite et mesquine à de certains fonctionnaires imbus de préjugés administratifs, le ministre ajoute :

« La France agira et l'administration veillera pour elle. Votre « tâche est de maintenir liberté aux opinions et force à la loi. En « l'accomplissant vous aurez aussi une part honorable dans le ré- « sultat des élections. »

M. Guizot termine ainsi cette belle déclaration des principes à suivre en matière d'élections sous un gouvernement constitutionnel et dans un pays libre :

« Vous le voyez, monsieur le préfet, le gouvernement n'exige « de vous que l'observation religeuse de la loi. Il n'attend de vous « que ce que lui offrent dejà votre loyauté et votre patriotisme. « Vous pouvez dire à tous quelle est sa pensée ; il ne la cache ni « ne l'impose. Venu de la nation, il ne la redoute pas. Il compte « sur elle comme elle peut compter sur lui.

« Signé Guizot. »

(V. *Moniteur* du 1ᵉʳ octobre 1850, page 1195.)

Et c'est sous le ministère du même homme que sont faites les élections de 1842, dans lesquelles la corruption, ouvertement pratiquée, a été érigée en maxime de gouvernement ; où l'on peut dire, selon la belle expression de la circulaire, que *le pays a été suborné comme un faux témoin ?* Est-ce que nous ne possédons plus ce même gouvernement qui, venu de la nation, n'a rien à craindre d'elle? Est-ce que le pays ne peut plus compter sur son gouvernement, puisque le gouvernement ne compte plus sur lui?

Le ministère n'admettra point cette explication, mais il dira peut-être que depuis le moment qui a suivi la révolution de juillet 1830, les temps sont bien changés. Alors, dit-on, il n'y avait en quelque sorte qu'un parti en France ; mais depuis cette époque les factions ont levé la tête ; elles sont intervenues dans les élections, où elles ont apporté leur violence et leurs manœuvres. Pour les combattre, l'administration n'a pas trop de son influence et des moyens qu'elle emploie.

D'abord on pourrait répondre à cela qu'il y avait bien aussi des partis et des factions avant 1830 ; M. Guizot le reconnaît dans la circulaire même où il prescrit aux préfets de ne pas faire ce que faisaient les préfets de la restauration. Or on ne voit pas comment quelques candidatures carlistes et républicaines donneraient au ministère le droit d'employer dans les élections des moyens d'influence reconnus coupables, et que le premier ministre a flétris hautement dans le gouvernement antérieur.

Mais l'excuse tombe devant un fait beaucoup plus concluant encore ; c'est que les candidats carlistes et républicains, les candidats des factions anarchistes, comme on les appelle, ne sont point ceux contre lesquels se pratiquent les manœuvres les plus actives de l'administration. Qui le ministère combattait-il avec tant de zèle dans le collége de Ploërmel? Est-ce M. de Larochejacquelein? nullement, mais M. de Sivry, député du centre gauche. Contre qui ses attaques si violentes dans les colléges de Roanne et de Carpentras? Contre les carlistes? non, contre des candidats du centre gauche, MM. Floret et Alcock. Et M. Drouyn de l'Huys à Melun, et M. Lebœuf à Fontainebleau, tous deux en butte à tant d'intrigues dont le premier a triomphé, et sous lesquelles a succombé le second, appartiennent-ils aux partis extrêmes? Non. L'un est du centre gauche, et l'autre de la nuance des conservateurs que représente M. le comte Molé. Je pourrais citer cent autres exemples.

Tous prouvent un fait d'ailleurs bien su de tout le monde, c'est que le parti contre lequel le ministère emploie ses plus puissants moyens d'action administrative, ce n'est point le parti extrême, mais précisément le parti le plus modéré, le plus rapproché de lui, celui dans lequel il croit voir un successeur possible et prochain aux affaires. Voilà ce qui est manifeste aux yeux de tous. Et maintenant s'évanouit complétement toute cette fantasmagorie de nécessités gouvernementales tirées de l'audace des factions et de leur violence. Ce qui est clair pour tout le monde, c'est que les armes empruntées à la corruption électorale sont tournées précisément contre le parti qui, dans l'opposition, est le plus parfaitement parlementaire et constitutionnel.

Maintenant suit-il de ce qui précède que dans les élections l'administration soit et doive être destituée de toute influence? Non : cela ne serait ni politique ni juste. Il est dans la nature et de l'essence du gouvernement représentatif que, lors des élections, le ministère et l'opposition aient chacun leur candidat. Cela importe à la sincérité du grand débat qui va s'agiter ; c'est l'intérêt de tous les partis, de celui qui est représenté par le ministère comme de celui que représente l'opposition. Il faut que le pays, juge entre tous, sache bien quel est le candidat de l'un et de l'autre. Le ministère a incontestablement le droit de dire : Celui-ci est l'homme qui représenterait le mieux à la chambre les principes sur lesquels ma politique repose. Et ce n'est pas seulement son droit, c'est son devoir de le déclarer. Cela a besoin d'être su de ceux qui approuvent la politique ministérielle comme de ceux qui la blâment, et l'opposition agit en vertu des mêmes droits et des mêmes obligations. Toute administration est populaire ou impopulaire, libérale ou illibérale, nationale ou antinationale. Si l'administration est libérale et nationale, le pays sera enclin à élire un député ministériel ; si elle suit une politique contraire, c'est un député de l'opposition que le pays choisira. Dans toutes ces hypothèses, il faut que chaque parti déclare nettement quels sont ses candidats.

Il est à regretter que dans les dernières élections le ministère n'ait pas déclaré plus nettement ses candidats. On sait que plusieurs se sont présentés sous le drapeau de l'opposition. Ses candidats, honteux de son patronage, ne se reconnaissaient qu'aux intrigues secrètes par lesquelles l'administration leur venait en aide. Étrange situation d'un pouvoir qui, dans les élections, ne peut avouer ses partisans sans leur nuire, et se trouve réduit à la fraude pour les assister. Ce n'est point ainsi que doivent se faire des élections constitutionnelles. Le pouvoir n'y a point le droit d'intrigue au profit de ses candidats; mais ces candidats, il les nomme tout haut et leur prête franchement son appui. L'opposition exerce son influence; l'administration peut et doit exercer la sienne, à la condition de ne la chercher que dans des moyens honnêtes et légitimes. C'en est déjà une très-réelle en temps ordinaire que la déclaration solennelle de son candidat; car combien de consciences timides et incertaines appartiennent en quelque sorte de droit à l'homme de l'autorité? Mais il dépend des agents du ministère d'exercer une autre influence bien plus puissante encore et non moins légitime : c'est celle d'une bonne administration; qu'au lieu de rapporter à la politique tous ses actes et de se livrer à toutes les manœuvres d'un courtier d'élections, un préfet se place dans son département au point de vue de l'administration et administre *équitablement* au lieu d'administrer *politiquement*, et l'on verra quel crédit il aura le jour de l'élection, en désignant seulement l'homme que préfère le parti du ministère.

Le droit mutuel de l'opposition et du ministère d'avoir des candidats et de les produire en entraîne un second qui n'est que la conséquence du premier : c'est de les discuter. Ce droit est considérable, et l'on conçoit tout ce qu'a de grave le jugement porté sur la moralité des candidats, quand cette appréciation émane du fonctionnaire de l'ordre le plus élevé. Ici, il s'agit d'un droit dont l'usage touche de près à l'abus, et l'abus est d'autant plus grave quand il se produit que c'est dans la presse que se discutent les titres des candidats et que les calomnies y font souvent des blessures mortelles. Mais c'est là une des conditions de la vie publique : l'opposition dans les journaux attaque librement les candidats du ministère. La presse ministérielle doit user du même droit, à la condition seulement de l'exercer avec plus de retenue, dans l'intérêt même de la dignité du pouvoir dont elle est l'organe.

Hors de ces limites, qui permettent au ministère une grande et légitime action sur le corps électoral, toute influence de l'administration est coupable et funeste, et toute manœuvre empruntée aux procédés ordinaires de l'administration pour gagner des suffrages et corrompre les consciences, constitue une véritable prévarication.

QUATRIÈME PARTIE.

*Moyens constitutionnels de combattre le système de corrup-
tion pratiqué par le ministère dans les élections.*

Après avoir montré en quoi le pouvoir dépasse
toutes limites daus les élections, nous avons indiqué
les bornes dans lesquelles il devrait se maintenir.
Maintenant il nous reste à dire de quelle manière,
quand il sort de ces limites, on peut l'y ramener;
quels moyens offre la constitution pour combattre
le mal et en prévenir le retour.

On conçoit l'importance de cette dernière question. Vainement la voie à suivre a été tracée, si ceux
qui tiennent en main le pouvoir peuvent impuné-
ment en adopter une autre. On ne saurait se dissimuler que si nul frein n'arrête le ministère en temps
d'élection, une pente presque irrésistible l'entraînera
sans cesse vers l'abus qui vient d'être signalé. Sans
doute une administration gouvernant dans le sens
du pays n'aurait nul besoin de corrompre les électeurs pour obtenir leurs votes, et l'on peut dire que
l'existence d'un ministère libéral et national se recon-
naîtra désormais à la pureté des élections ; mais voici
un ministère qui n'a la majorité ni dans le pays ni
dans le corps électoral, et cependant il a des élections à faire, d'où il veut tirer une majorité. Il est
évident que si le corps électoral est laissé indépen-

dant, la majorité le repoussera. Que lui reste-t-il donc à faire? Gagner les électeurs par la séduction.

La séduction est immorale, crie-t-on de toutes parts au ministère..... D'accord : mais si le ministère ne l'emploie pas, il faut qu'il se retire. Ceci étant, il n'hésite pas. L'instrument de corruption est entre ses mains et lui offre son puissant service. Le ministère voit certain et immédiat l'avantage qu'il en va retirer, tandis que le péril à craindre ne se peut apercevoir que dans un avenir lointain et douteux. Ainsi l'on peut compter que la corruption électorale continuera de se pratiquer par tous les procédés administratifs et ne fera que se perfectionner de jour en jour, à moins qu'une barrière efficace ne lui soit opposée.

Les moyens constitutionnels par lesquels la corruption électorale peut être combattue sont de deux sortes : les uns, empruntés aux lois ordinaires et au droit commun ; les autres, aux institutions politiques.

Parlons d'abord de ceux qu'offre le droit commun et qui, à mon avis, sont beaucoup trop négligés. Il semble vraiment, à la manière dont on parle publiquement de telles ou telles manœuvres attribuées à l'administration, et que celle-ci ne prend seulement pas la peine de désavouer ; il semble, dis-je, que ces manœuvres soient des faits parfaitement innocents, et l'on paraît oublier que ces faits constituent des crimes et délits prévus par la loi pénale. C'est ici surtout que se retrouve dans toute sa force le préjugé qui suppose honnête un acte émané de l'administration publique ; et le même sentiment qui rend l'opinion indulgente envers l'autorité pour les mêmes actes que l'on blâme sévèrement dans un particulier, porte aussi à considérer l'administration comme irrépréhensible devant la loi pour des faits qui, imputés à de simples individus, sont des crimes non contestés. La loi est cependant bien claire, et les dispositions par lesquelles elle a voulu protéger les droits électoraux et leur libre exercice embrassent dans leur généralité toutes les atteintes, celles qui viennent du pouvoir et des agents comme celles qui procèdent des simples citoyens. Il suffit, pour s'en convaincre, de lire les articles 109, 113 et 114 du Code pénal.

L'article 109, qui punit les menaces dont l'effet serait d'empêcher l'électeur d'exercer son droit, ne distingue pas entre les menaces qui seraient proférées par un particulier et celles qui émaneraient d'un fonctionnaire public. L'article 113 porte textuellement : « Tout citoyen qui aura, dans les élections, « acheté ou vendu un suffrage, *à un prix quelconque,* « sera puni d'interdiction des droits de citoyen et « *de toute fonction ou emploi* public pendant cinq ans « au moins et dix ans au plus. » Qui oserait prétendre que cet article n'atteint pas les agents du pouvoir comme les autres citoyens? Si un préfet achetait, moyennant 100 francs, le vote d'un électeur au profit du candidat ministériel, qui soutiendrait que l'article 114 ne lui serait pas applicable? Personne, assurément. Maintenant, je le demande, le cas est-il différent lorsqu'au lieu d'acheter le suffrage d'un électeur avec de l'argent, on l'achète avec une croix, avec une place, avec un avantage local donné à sa commune et dont il a sa part? La loi ne va-t-elle pas au-devant de l'objection en employant ces mots : *acheté ou vendu à un prix quelconque ?*

Et lorsqu'au lieu d'acheter un électeur, l'agent de l'administration en achète dix, vingt, trente à la fois, lorsqu'il les achète avec une subvention, avec le prix d'un pont, d'une église, est-ce un cas différent? N'y a-t-il pas là, suivant le vœu de l'art. 115 du Code pénal, un homme qui achète et des gens qui se vendent? N'y a-t-il pas un prix, un *prix quelconque* qui détermine la transaction que la loi a voulu flétrir et réprimer? Dira-t-on que ces transactions collectives ne se font pas ouvertement et seront toujours niées! Je réponds que beaucoup se passent au grand jour; et puis, quand elles se feraient avec moins de cynisme, quelle conséquence en tirer? Est-ce que tous les crimes particuliers ne s'environnent pas de mystère le plus qu'ils peuvent? Deviennent-ils pour cela légitimes? Et parce qu'ils sont difficiles à prouver, renonce-t-on pour cela à les poursuivre? Mais je soutiens au contraire que lorsque la transaction a été collective, elle est plus facile à prouver, parce qu'il y a plus de coupables. Et vainement on prétendrait que ces sortes de marchés se font toujours avec une certaine réserve, avec une grande prudence, par l'entremise de tiers adroits, et avec des précautions qui, en rendant la corruption insaisissable, mettent son auteur et ses complices à l'abri de toute recherche. Ceux qui penseraient ainsi se trompent.

Il en est de la corruption électorale comme de tous les délits qui consistent dans le dol et dans de coupables manœuvres. La justice sait aussi bien prouver l'escroquerie que le vol. Quand il sera bien établi aux yeux de tous que de pareilles manœuvres constituent le crime prévu par la loi; que ce crime est commis par l'administrateur qui les emploie comme par l'électeur qui les subit; que quiconque s'entremet pour en faciliter le succès est un complice qui, aux termes de l'article 59 du Code pénal, est passible des mêmes peines que l'instigateur même du délit, alors, que l'on en soit bien assuré, si la justice est mise en demeure de rechercher le délit, elle ne manquera point de preuve, et à travers les obscurités inséparables de l'intrigue et de la fraude, elle saura bien démêler la vérité.

Maintenant j'aborde l'objection qui se présente ici d'elle-même. Cette objection naît de la difficulté qu'il y a, suivant nos lois, de poursuivre tout délit imputé à un fonctionnaire public. En matière de fraude électorale, la difficulté n'est pas de prouver, mais de poursuivre. En effet, il y a, d'une part, le délit de l'agent public qui achète des suffrages ou empêche le libre vote par des menaces; et, de l'autre, le délit de l'électeur qui vend sa voix pour *un prix quelconque*. Dans le premier cas, la poursuite contre le fonctionnaire ne peut avoir lieu, comme on sait, sans l'autorisation du conseil d'État. Or, n'est-il pas déraisonnable de penser que le pouvoir que l'on attaque dans ses agents vous accordera la permission de le poursuivre lui-même ? — A la vérité, l'autorisation du conseil d'État n'est pas nécessaire pour traduire devant la justice les électeurs qui ont trafiqué de leurs votes : mais ici une autre difficulté se présente. Le délit commis par ces électeurs ne peut être porté devant la justice que de deux manières : ou par le candidat qui a souffert de la corruption et qui aurait évidemment qualité pour se constituer partie civile (mais dans ce cas, on conçoit combien est délicate une pareille poursuite de la part de celui qui vient de subir un échec et qui ne renonce pas dans l'avenir à une meilleure chance) ; ou bien la poursuite peut se faire d'office par le ministère public ; mais il est aisé de comprendre que les mêmes motifs qui empéchent le conseil d'État d'autoriser la poursuite du préfet empêcheront le procureur du roi de porter devant la justice des faits dans lesquels le préfet se trouve mêlé à d'autres coupables. Ainsi, dira-t-on, les faits constituent bien des délits prévus par la loi ; mais dans la forme leur poursuite est impossible, et l'impunité leur est ainsi assurée.

Je ne prétends pas contester la gravité de cette objection ; pour la méconnaître, il faudrait oublier le soin extraordinaire avec lequel toutes nos lois établissent l'inviolabilité du moindre agent du pouvoir. Mais tout en déplorant l'état actuel de la législation en cette matière, tout en reconnaissant qu'il naît de cette législation des difficultés infinies, je dis que quelques-unes de ces difficultés ne sont pas insurmontables, et que le mal pourrait être, sinon détruit, du moins affaibli si les citoyens ne manquaient ni de zèle ni de dévouement. Le conseil d'État vous refusera l'autorisation de poursuivre un fait de corruption administrative : soit. Cependant, sollicitez - la. Je comprends vos défiances. Mais de quel droit vous plaignez-vous de ne pas recevoir une autorisation que vous n'avez pas même réclamée? Exposez vos griefs, et si on ne les écoute pas, si on vous refuse le grand jour de la justice, alors vous aurez le droit de vous plaindre.

Je sais combien est délicate la position du candidat malheureux, qui seul est en droit, comme partie civile, d'adresser une requête au conseil d'État contre le fonctionnaire inculpé, de même que lui seul serait en droit de poursuivre directement les particuliers prévenus de manœuvres. Mais en supposant que sa position personnelle le retienne, tout citoyen ne peut-il pas, même sans se porter partie civile, dénoncer au ministère public les délits électoraux pour la poursuite desquels l'autorisation du conseil d'État n'est pas nécessaire? Et si en dépit de cette dénonciation, le procureur du roi reste inactif, si aucune

enquête n'est provoquée par lui, n'en résultera-t-il
pas une grave suspicion contre ceux qui auront en-
chaîné son bras ? Certes, dans l'état actuel de nos
lois, fondées sur l'infaillibilité présumée des agents
du pouvoir, la plainte contre toute sorte d'abus de
l'administration en matière électorale ne trouve
qu'un faible remède devant les tribunaux. Mais enfin
mieux vaut encore élever la voix, dire ses griefs,
constater l'iniquité, que de se taire dans l'inaction
et d'adhérer en quelque sorte à l'injustice par le si-
lence. La vie d'un peuple libre est une vie de per-
pétuels combats et d'action continue. C'est peu d'a-
voir lutté une fois pour conquérir des droits ; pour
les conserver intacts et pour en jouir, il faut lutter
toujours. C'est là la tâche, mais c'est aussi la gloire,
et c'est ce qui fait la puissance d'un peuple libre.

Il faut bien considérer d'ailleurs que l'appel fait
en vain aux pouvoirs ordinaires de la société fait
naître naturellement le recours aux pouvoirs politiques. Ainsi le conseil d'État refuse d'autoriser des
poursuites contre un préfet ; le magistrat chargé du
ministère public se tient immobile et muet après
qu'un délit imputé à des électeurs lui a été dénoncé :
dans chacun de ces cas tout citoyen a le droit, par
pétition, de porter ces faits devant la chambre, et le
recours au parlement devient ici d'autant plus important, que le pouvoir judiciaire ayant fait défaut,
il n'y a plus d'autre justice possible que celle de la
chambre.

Me voilà arrivé aux moyens extraordinaires que l'on peut emprunter aux institutions politiques pour combattre la corruption électorale. Ces moyens, à proprement parler politiques, sont la tribune et la presse. On comprend sans peine que la chambre est tout à la fois le moyen politique de recours le plus naturel, le plus puissant, et celui dont les conséquences sont tout à la fois les plus graves et les plus variées. Toutes les questions d'élection étant des questions politiques de leur nature, dont la responsabilité est presque toujours présumée devoir remonter des agents inférieurs jusqu'au ministre, il est naturel que ces questions arrivent toutes à la chambre. La chambre peut en être saisie très-diversement, soit par pétition, comme on vient de le dire, et par suite d'une sorte de déni de justice ; soit au moment de la vérification des pouvoirs, immédiatement après les élections, soit en tout autre moment, par une interpellation ou une proposition d'un de ses membres. De quelque manière que les faits soient dénoncés à la chambre, elle a pour s'éclairer deux moyens : la discussion et l'enquête. L'enquête ordonnée par la chambre peut être administrative ou parlementaire. Administrative, comme en 1828 ; parlementaire, comme en 1842. Elle est générale ou spéciale. Quand elle est générale, c'est l'indice que l'ensemble des moyens électoraux employés par le ministère est frappé de suspicion. L'enquête spéciale à telle ou telle élection n'exclut pas ce soupçon général, mais elle l'implique à un degré moindre. La discussion et l'enquête peuvent amener des résultats très-divers : ou un vote définitivement favorable au ministère, ou un blâme, ou une accusation. L'accusation est le cas extrême ; le blâme est le moyen naturel de renverser le ministère sans le mettre en jugement. Le blâme et l'accusation sont indépendants de la question de validité ou de nullité des élections. Ces questions se lient les unes aux autres ou se séparent à volonté, et l'on conçoit très-bien, par exemple, que l'on ordonne l'enquête tout en validant l'élection lorsque le député auquel nulle intrigue n'est imputable a été élu en dépit des manœuvres qui, pour avoir été impuissantes, n'en sont pas moins coupables.

La plus grande difficulté pour l'opposition, c'est d'obtenir l'enquête ; car, s'il y a une majorité pour la refuser, on se trouve arrêté dès le premier pas. L'accusation devient impossible, et il est difficile même d'arriver au blâme. Si, au contraire, une majorité se déclare pour l'enquête, ce premier degré étant franchi, on a des chances considérables de pouvoir atteindre l'un des deux autres. En effet, le vote d'une enquête électorale par la chambre indique au moins une disposition générale de la majorité à incriminer le système pratiqué dans les élections ; et si ces faits qui l'ont émue se prouvent, elle sera d'autant plus facilement amenée à les condamner par un vote. Maintenant, comment exprimera-t-elle son sentiment ? par l'accusation ou par le blâme ?

Je suis convaincu qu'il n'y aura en France d'élections vraiment sincères et pures que lorsque quelque ministère aura été mis en accusation pour avoir, par ses manœuvres électorales, violé les institutions du pays et commis ainsi la trahison la plus éclatante dont puisse se rendre coupable un ministère sous le régime constitutionnel. Un pareil crime est sans contredit l'attentat le plus grave qui puisse être commis contre la constitution d'un pays libre, et de tous les cas de responsabilité ministérielle, il n'en est pas un seul qui dût mener plus naturellement à la mise en accusation. Cependant, nous sommes encore si peu habitués au gouvernement représentatif, nous en comprenons encore si mal les conséquences les plus naturelles et les plus simples, que beaucoup de gens, d'ailleurs profondément irrités contre le système de corruption pratiqué par le ministère, inclineraient à regarder l'accusation des ministres, pour cet objet, comme un moyen exorbitant de répression. Que le ministère tombe, et cela leur suffira. Cette pénalité secondaire est bien plus dans nos mœurs. Rejetés hors du pouvoir, les ministres déchus ne pourront plus nuire; ceux qui aspiraient à leur succéder se mettront à leur place, et tout le monde sera content. — Tout cela est à merveille, en effet; seulement, au lieu de résoudre la difficulté, on ne l'a que déplacée.

Vous voulez qu'au lieu de porter une accusation contre le ministère, la chambre élue se contente de renverser le ministère qui a abusé de son influence dans les élections : soit. Mais il faut, pour l'une comme pour l'autre de ces choses, qu'il y ait contre le ministère une majorité; or, on a d'autant moins de chances de réunir cette majorité contre lui, qu'il a employé plus de manœuvres pour s'en créer une favorable. Plus il a prévariqué, plus il a de chances d'être impuni; plus il a faussé les institutions du pays, plus il doit espérer d'échapper à leur application sincère. Sans doute il est malaisé d'obtenir contre lui une flétrissure de ceux même qui ont profité de ses manœuvres; mais l'est-il beaucoup moins de leur demander de renverser par leur vote le ministère auquel ils doivent d'être élus? Maintenant supposez que vous réussissiez à faire voter contre le ministère ceux qui lui doivent leur élection, la chute du ministère sera une victoire sans doute; mais croit-on que ce succès assure à l'avenir la pureté des élections? Et si la perte du pouvoir est la seule peine qui attende le ministère coupable de corruption électorale, comment la perspective de cette peine à laquelle on a toujours l'espoir d'échapper arrêterait-elle celui qui a la certitude que sans l'emploi de la corruption il succombera? Voilà pourquoi, lorsque le hasard se rencontre d'une chambre nouvelle où l'opposition est en majorité, en dépit de criminelles manœuvres employées contre elle; voilà, dis-je, pourquoi il importerait tant de profiter d'une pareille occasion pour faire un grand exemple. On conçoit

que le ministère qui, s'il ne corrompt pas les électeurs, est sûr d'être renversé par eux, ne s'abstienne
pas de la corruption dans la crainte de tomber devant une majorité ; mais il hésiterait davantage à
s'engager dans une pareille voie, si au bout il aper-
cevait les périls et les angoisses d'une accusation
politique. Les hommes qui gouvernent la France oublient sans cesse que le pouvoir entraîne des respon-
sabilités ; il faudrait le leur rappeler une fois. Ce
serait le vrai moyen d'arrêter dans leur cours des
excès qui attaquent à sa source le principe vital de
nos institutions.

Ce serait du reste une grande erreur que de croire
qu'à défaut de ces deux résultats, l'accusation ou le
blâme, une enquête parlementaire sur les élections
est inutile. Une pareille enquête a pour premier effet,
et c'est là peut-être son efficacité la plus réelle, elle
a pour effet d'apprendre à tous les agents du gouvernement comme à tous les particuliers que les
manœuvres électorales ne sont pas couvertes d'un
voile impénétrable ; qu'un pouvoir supérieur aux
pouvoirs ordinaires y porte au besoin son regard et
ses investigations ; que, devant cette haute autorité
qui replace en quelque sorte le pays en face du pays,
toutes les intrigues se révèlent et toutes les vérités en
font jour. On est trop disposé à croire en France
qu'en temps d'élections tout est permis, comme en
de certains jours consacrés à la folie, toute licence est
jugée légitime. Il importe que l'on sache que nos lois

et nos mœurs n'admettent point ces saturnales du gouvernement représentatif. C'est ce qu'enseigne nécessairement toute enquête ordonnée par la chambre en matière d'élection. L'enquête prescrite pour les élections d'Embrun, de Langres et de Carpentras, n'eût-elle pas d'autre effet, c'en serait déjà un considérable. L'effet serait grand pour la chambre, pour le gouvernement, pour le pays. La publicité est à elle seule une grande puissance, c'est la principale peut-être dans un gouvernement libre ; il y a en elle la valeur de toute une constitution. La publicité est l'arme véritable des citoyens contre les abus du pouvoir ; si la publicité est souvent impuissante, c'est moins sa faute que celle de la presse, avec laquelle il ne faut pas la confondre. La publicité ne perd sa force que faute d'inspirer confiance. Elle est toujours puissante quand on y croit. Une publicité émanée de la chambre elle-même ne saurait manquer d'être efficace dans un gouvernement libre où tous les abus peuvent être mis en lumière ; il n'y a malheureusement pas de peine pour toutes les fautes du pouvoir, et toutes les peines portées par les lois ne sauraient même être toujours appliquées. La publicité est la peine universelle propre à toutes les infractions du pouvoir sous un régime parlementaire. L'enquête faite par la chambre, livrée par elle au public, même sans aucune conclusion, serait encore un acte important ; ce serait l'application de la peine de la publicité infligée au pouvoir ministériel ; ce seraient les pièces du procès livrées au pays lui-même ; ce serait l'opinion publique prise pour arbitre et pour juge.

Si la publicité parlementaire est la plus solennelle et la plus authentique, ce n'est cependant pas la seule qui soit efficace. A côté de cette publicité vient se placer celle de la presse elle-même, qui a aussi, sous ce rapport, une importante mission à remplir ; et qui, lorsqu'elle peut recueillir des faits de corruption, doit les livrer au public. La révélation de pareils faits est toujours salutaire pour la moralité publique, et pour l'enseignement des agents du pouvoir. Si toutes les manœuvres coupables commises par le ministère dans les dernières élections avaient été exposées par la presse, cette publicité seule l'eût tué. Mais pour dévoiler ces turpitudes, la presse a besoin de les connaître et d'en être informée avec une grande précision ; et ici ce n'est pas elle qu'il faut accuser, mais bien tous ceux qui, ayant connaissance des manœuvres les plus coupables, ne les lui dénoncent pas. Si chacun, dans la mesure de ses facultés et de ses droits, faisait son devoir, si les citoyens indépendants dans les colléges électoraux, si l'opposition dans la chambre, si dans la presse les organes de l'opinion publique employaient ce qu'ils ont d'énergie, de zèle et de dévouement au bien public pour combattre la corruption électorale et ses détestables procédés, j'ai la confiance que les élections pourraient redevenir pures, et le gouvernement représentatif être rendu à sa sincérité.

Plus je réfléchis sur ce sujet, plus je suis convaincu qu'il s'agit ici de la principale réforme à obtenir dans notre gouvernement. Je ne suis point du nombre de ceux qui regardent notre système électoral comme complet et satisfaisant ; mais tel qu'il est avec ses imperfections et ses vices, je le prendrais encore volontiers pour l'expression réelle du pays si, quand on l'interroge, c'était sa voix que les élections fissent entendre. Je suis loin assurément de méconnaître ce que valent les réformes très-importantes qui sont agitées dans le parlement et en dehors des chambres, telles que la réforme des capacités, celle de l'élection au chef-lieu, celle des incompatibilités parlementaires, etc., etc., etc. Mais il y a selon moi une réforme qui vaudrait à elle seule toutes les autres, et sans laquelle je crois fermement que toutes les autres seraient d'une faible valeur, c'est la réforme du mode suivant lequel les élections se pratiquent aujourd'hui : mode funeste avec lequel toutes élections ne peuvent amener que déception et mensonge. Voilà pourquoi la corruption électorale, et surtout les moyens perfectionnés avec lesquels le ministère du 29 octobre l'a pratiquée, me paraissent le sujet le plus digne de l'attention sérieuse de tous les hommes politiques et de tous les bons citoyens.

Paris. — Imprimerie SCHNEIDER et LANGRAND, 1, rue d'Erfurth.

www.ingramcontent.com/pod-product-compliance
Lightning Source LLC
Chambersburg PA
CBHW061252060726
47596CB00002B/563